As dificuldades existem, mas o final pode ser feliz

Philip Yancey
Tim Stafford

Desventuras da Vida Cristã

Tradução
Jorge Camargo

MC
Editora Mundo Cristão
São Paulo

Desventuras da vida cristã
Categoria: Espiritualidade / Vida cristã

Coordenação editorial: Silvia Justino

Preparação de texto: Paulo Purim

Revisão: Theófilo Vieira

Supervisão de produção: Lilian Melo

Capa: Douglas Lucas

Os textos das referências bíblicas foram extraídos da versão Almeida Revista e Atualizada. 2ª ed. (Sociedade Bíblica do Brasil), salvo indicação específica.

Dados Internacionais de Catalogação na Publicação (CIP)
(Câmara Brasileira do Livro, SP, Brasil)

Yancey, Philip
Desventuras da vida cristã : as dificuldades existem, mas o final pode ser feliz / Philip Yancey e Tim Stafford ; traduzido por Jorge Camargo. — São Paulo : Mundo Cristão, 2005.

Título original : Unhappy secrets of the Christian life.
ISBN 85-7325-396-7

1. Vida cristã I. Stafford, Tim. II. Título.

05-2482 CDD - 248.4

Índice para catálogo sistemático
1. Vida cristã : Dificuldades : Cristianismo 248.4

Publicado no Brasil com a devida autorização e com todos os direitos reservados pela:

Associação Religiosa Editora Mundo Cristão
Rua Antonio Carlos Tacconi, 79 – CEP 04810-020 – São Paulo – SP – Brasil
Telefone: (11) 5668-1700 – Home page: www.mundocristao.com.br

Editora associada a:
- Associação Brasileira de Editores Cristãos
- Câmara Brasileira do Livro
- Evangelical Christian Publishers Association

Impresso no Brasil
10 9 8 7 6 5 4 3 2 1 05 06 07 08 09 10 11

Apresentação

Ao trabalharmos na nova edição do livro *Decepcionado com Deus*, em 2004, deparamos com algumas menções de Yancey a um de seus primeiros livros: *Desventuras da vida cristã*. Por se tratar de um escritor extraordinário, logo fomos tomados pela curiosidade por conhecer essa obra. Esgotada nos Estados Unidos e nunca publicada em português, pesquisamos até descobrir que os direitos de publicação pertenciam à revista *Christianity Today*. Solícitos, de imediato seus editores enviaram uma fotocópia do único exemplar que possuíam.

Iniciamos a leitura e comprovamos quanto Yancey, já no início da carreira, se diferenciava de tantos outros escritores cristãos. A visão crítica apurada, a qualidade do texto, o sentido de urgência dos temas tratados e a capacidade de abordar questões delicadas para a época (década de 1970) com a naturalidade de quem consegue filtrar as dificuldades de ser cristão sob uma ótica cristocêntrica e contemporânea revelavam precocemente por que Yancey se transformaria no principal autor cristão da atualidade.

Em *Desventuras da vida cristã* o leitor encontra uma reflexão ainda atual e destituída de ornamentos lingüísticos sobre a realidade que muitas igrejas insistem em disfarçar ou esconder: *ser cristão não é fácil.* A boa notícia é que vale a pena, e Yancey e seu parceiro, Tim Stafford, revelam o porquê.

Com a liberdade que nos foi concedida pelo autor para atualizar informações e ilustrações, incluímos dois artigos do escritor Paulo Purim. Curitibano, Purim é puro talento e abrilhantou ainda mais esta obra.

Desventuras da vida cristã tornou-se, portanto, não apenas um texto atualizado e sensível à realidade brasileira, mas essencial para aqueles que desejam compreender como lidar com as surpresas às vezes nada agradáveis da vida cristã.

Os editores

Sumário

Prefácio

Um boato prejudicial está se espalhando por toda parte. Trata-se da idéia de que os problemas acabam quando você se torna cristão. Essa é, sabemos, uma idéia totalmente falsa. Embora a nova vida em Cristo traga consigo muita alegria e felicidade, ela também implica nova série de lutas.

Como observou J. B. Phillips: "Somente quando estamos seguindo mais ou menos na mesma direção que o diabo é que não nos apercebemos das oposições". Durante o nosso período como editores da *Campus life* ouvimos problemas específicos que milhares de leitores enfrentavam. Suas experiências, como as nossas, asseguram-nos de que este livro é necessário.

Podemos praticamente garantir que você acabará tomando contato com cada uma dessas "desventuras", se é que não tomou ainda. Esperamos de coração que essas reflexões compartilhadas ajam como "vacina", de modo a prepará-lo para suas batalhas.

Philip Yancey e Tim Stafford

Vendo o INVISÍVEL

Philip Yancey

> ■ **Naturalismo:**
> Como você continua a crer em algo que não pode ver, tocar, cheirar ou provar?

Já encontrei cristãos estranhos — *realmente* estranhos, especialmente quando estava na faculdade. Um cara chamado Samuel (ele nunca deixaria que você o chamasse Sam) era um jogador de tênis fantástico. Ele achava o tênis algo um tanto carnal, por isso era necessário persuadi-lo a jogar. Na quadra ele era um capeta (ele também nunca o deixaria chamá-lo assim): executava com perfeição todas as jogadas do tênis.

Em vez de xingar, Samuel reservava uma palavra cristã retumbante para gritar antes de bater na bola. A cada quatro serviços, as costas se inclinavam mais acentuadamente que o normal, ele jogava a bola ainda mais para cima e os pés se desprendiam do chão. Antes de curvar o braço para atingir a bola, ele gemia bem alto, "luia!!"

Ainda estremeço quando penso nessa palavra, "luia". Talvez Samuel quisesse comunicar uma expressão de sua fé em

Deus, mas para mim era uma advertência para eu me esquivar de um míssil que vinha zunindo por sobre a rede para atingir-me o rosto em cheio.

Embora fosse muito estranho, Samuel ganhou o respeito de quase todas as platéias por conta de seu jogo inspirado. Brian era o contrário — o alvo de todas as piadas. Seus 59 quilos eram distribuídos ao longo de 1,95 m de altura e, talvez por não ter força suficiente para se sustentar, ele caminhava o tempo todo curvado, como se tivesse carregado uma mochila pesada durante todos os anos de crescimento.

Brian falava macia e timidamente, tinha o rosto tão pálido e frágil que era impossível não imaginá-lo como um fantasma.

Como se isso não bastasse, Brian tinha o hábito peculiar de andar para trás, na ponta dos pés, decorando versículos da Bíblia. É verdade. Toda noite ele vestia um agasalho branco, corria uns mil e quinhentos metros e depois relaxava caminhando em círculos ao redor de um poste de iluminação, *de costas*. Era uma cena estranha: o corpo inclinado de Brian sacudindo para trás dentro do raio de alcance do poste de iluminação com a cabeça abaixada, lutando para enxergar o versículo que havia escrito no cartão, resmungando consigo.

Admito que nem todos os cristãos que conheci eram tão estranhos quanto Samuel e Brian. Mas esses dois conquistaram um nível especial de respeito entre os cristãos, como se seus "luias" e seus métodos de memorização da Bíblia os elevassem ao patamar de classe especial. Na faculdade cristã que freqüentei, a maioria das pessoas os considerava mais "espirituais" que outros. Conhecendo-os, eu ficava me perguntando: "será isso que Deus quer?"

Todos os cristãos, no entanto, desde Debbie, a loira estonteante, até George, o especialista em matemática, partilhavam de algumas características que à primeira vista me pareciam tão estranhas quanto as excentricidades de Samuel e Brian.

Havia a oração, por exemplo. Os cristãos que eu conhecia distorciam os acontecimentos para fazê-los parecer que eram respostas de oração. Se um tio enviava um dinheiro extra para as despesas, eles abriam um sorriso largo, gritavam e marcavam uma reunião de oração para agradecer a Deus por isso. Enquanto as pessoas sensatas do *campus* dormiam para repor as energias do esforço extra das atividades noturnas, os supercristãos saíam de mansinho de seus quartos às seis e meia da manhã para uma reunião de oração.

Eles pareciam receber essas "respostas de oração" como uma prova final de que havia um Deus escutando-os. Eu sempre conseguia encontrar outra explicação para elas. "Talvez esse tio tenha enviado aquele dinheiro a *todos* os sobrinhos dele naquele mês", eu dizia. "Alguns dos sobrinhos não são cristãos. Teria sido só o seu presente resposta de oração?" Eles nunca discutiam as muitas vezes em que Deus ignorou seus pedidos específicos. A oraçao era para mim uma atividade tola. Do que servia falar em voz alta para as paredes?

Mas o zelo dos supercristãos me emudecia. Comecei a sair com eles, em parte por curiosidade e em parte por um desejo malicioso de destruir suas ilusões, chegando até mesmo a agir como um deles. Inventei uma história de como havia sido "salvo" quando adolescente, e a enfeitei com detalhes dramáticos, contando-a em um de seus encontros de compartilhamento. A resposta foi inacreditável. Quase todas as garotas foram às lágrimas. Todos me abraçaram, disseram "louvado seja Deus" e fizeram reuniões de oração especiais em gratidão a minha vida.

Comecei a freqüentar as reuniões de oração — mesmo as que começavam quase de madrugada — e o que de melhor os cristãos faziam eu imitava. Aprendi que o segredo da aceitação era um ritual chamado "dar seu testemunho" no qual sua voz assumia um tom suave e sincero e você contava de alguma situação na qual o Senhor o havia abençoado ou "falado a você". Descobri depois de algumas semanas que eu era um dos melhores contadores de testemunho da turma. Ao final de meus relatos, eu quase sempre levava o grupo a fazer orações de agradecimento, ou às lágrimas seus olhos famintos e sequiosos.

Enquanto isso, eu voltava correndo para o quarto e contava a meus verdadeiros amigos como eu estava conseguindo enganar por completo todos os cristãos. Em minha mente, eu havia destruído a fé deles. Eu era um naturalista, e cria que não havia nenhum Deus. O único mundo que existia para mim era o mundo onde eu vivia: rochas, árvores e ar. Não havia "seres espirituais". Era óbvio que a fé que eles demonstravam era composta de um jargão espiritual, de um sentimento caloroso de proximidade e de uma catarse de culpa, todos misturados. Embora incrédulo declarado, eu podia me passar por um santo convincente seguindo a fórmula prescrita. Não havia diferença entre a religião deles e qualquer outra religião mal orientada. Como Deus poderia ser real se tudo o que os cristãos experimentavam podia ser copiado por alguém que não cria nele?

Algo estranho aconteceu cerca de um ano depois desse experimento. Teria sido humilhante e constrangedor se não tivesse sido tão avassaladoramente agradável. Tornei-me cristão. Deus me encontrou de um modo incrível e inegável, em um momento quando eu não estava sequer procurando por ele — na verdade, enquanto eu o negava veementemente. Eu experimentei uma conversão cristã genuína. Durante uma reunião de oração rotineira (e obrigatória) com amigos, Deus fez contato comigo. Ele me mostrou seu amor e seu perdão, e eu nasci de novo.

Embora até ali eu tivesse gasto minhas energias tentando produzir rombos na fé cristã e encontrar inconsistências nos cristãos, quando Deus finalmente me encontrou, a mudança foi tão profunda que nunca duvidei dela desde então.

Como eu poderia descrever essa experiência aos amigos céticos que eu havia conseguido levar ao agnosticismo? Como você descreve um mundo de cores a um daltônico? Vi-me resmungando as mesmas frases imprecisas, coisas como "Deus transformou minha vida por completo", ou "Deus mudou inteiramente meu modo de pensar, mudou meus valores", ou "Ele me deu uma paz que nunca experimentei antes". A maioria de meus amigos olhava-me com um olhar que denunciava incompreensão, confusão, até mesmo um sentimento de *traição*. Eu sabia o que eles estavam pensando: "A coisa finalmente pegou o pobre homem. Depois de meses andando com esses supercristãos, imitando-os, ele pirou. Ficou maluco".

Frustrado, tentei pensar em maneiras de convencer meus amigos de que eu não havia enlouquecido, mas que, ao contrário, havia encontrado uma realidade mais profunda. Eu sabia que eles não se sentiriam atraídos pelos cristãos que eu conhecia — eu havia zombado deles com muito sucesso. Veio-me a idéia dos milagres. Será que eu poderia encontrar algum milagre absolutamente inexplicável? Isso por certo comprovaria a realidade de Deus.

Por que Deus não se fazia mais óbvio? Eu queria que ele realizasse um milagre bem orquestrado e televisionado, para que eu pudesse convidar meus amigos céticos para verem um ato de Deus que eles não teriam como negar.

O problema, como eu o enxergava, era que os atos cristãos — a oração, o amor uns aos outros, o compartilhar da fé com outros, a adoração — não eram sobrenaturais o suficiente para convencer quem quer que fosse de que o cristianismo é verdadeiro.

O que precisamos de fato, eu pensava, é de uma exposição gigante, mundial e tremenda do poder de Deus. O naturalismo despencaria das alturas.

Já quando pensei nisso percebi que não funcionaria. A Bíblia registra vários exemplos de quando Deus verdadeiramente chocou o mundo. As dez pragas do Egito são um caso. Cecil B. DeMille gastou milhões para imitá-las e as seqüências de seu filme ainda parecem um truque. E o que dizer da ressurreição de Jesus? Mais de quinhentas pessoas atestaram que ele havia ressurgido dentre os mortos, mas a maioria se recusou a acreditar nelas. O próprio Deus caminhou pela terra por trinta e três anos, ensinando e realizando milagres impressionantes. Ainda assim, dentre os muitos que o ouviram, somente uma minoria creu.

Milagres — os do tipo escancarados, chamativos e sobrenaturais — serão sempre uma exceção. Ah, eu acredito que eles ocorram. Muitos de meus amigos me contam de milagres de cura, de uma mudança dramática que Deus promoveu em um viciado em drogas. Mas esses milagres que contrariam as leis da natureza por um instante — devo admitir que nunca presenciei.

Não preciso de milagres para crer; Deus tem se revelado a mim de maneira amorosa. Só me sinto incomodado quando penso em meus amigos céticos. Se Deus realmente fizesse um milagre diante de seus olhos, eles creriam? Não sei.

Ao contrário, convivo com atos cristãos simples, às vezes monótonos, de oração, compartilhamento, amor e serviço. Como eu bem sei de meus primeiros contatos com cristãos estranhos, esses atos não são suficientes para convencer um cético. Eles podem até ser habilmente reproduzidos como piada ou experimento sociológico.

Nunca consegui encontrar uma boa estratégia para convencer os céticos. Alguns vieram a crer, outros não. Alguns foram atraídos a Deus pelo amor de cristãos; outros correram para os braços dele quando seu mundo desabou. Muitos outros, no entanto, estão hoje bem longe de Deus.

Mesmo depois de tudo o que Deus fez por mim, ainda tenho dúvidas. Sempre vou acreditar que ele é real, mas muitas vezes minhas orações parecem superficiais, palavras sonolentas que batem nas paredes e não passam do teto. Outras vezes, quando ouço um cristão descrever uma experiência que teve com o Senhor, ela não soa tão diferente daquela que você poderia ouvir em um encontro de meditação transcendental ou em uma terapia de grupo. De vez em quando, ainda me é difícil crer — *verdadeiramente* crer — que existe outra porção do mundo lá fora. Nunca me encontro completamente livre do naturalismo, porque o único mundo que *vejo* todos os dias é o natural. Como me manter crente num mundo invisível?

Há um mundo evidente ao meu redor, composto de árvores, rochas, pessoas, carros e edifícios. Todo o mundo crê nesse. Mas há um mundo igualmente real de anjos e espíritos, Deus, céu e inferno. Se eu tão-somente pudesse ver esse outro mundo apenas uma vez, talvez isso esclarecesse todas minhas dúvidas.

Quando as dúvidas vêm à tona, penso em alguns dos ensinos de Jesus sobre os dois mundos. Um incidente (em Lucas 10) uniu de modo especial os dois mundos. Jesus enviou setenta de seus fiéis seguidores às cidades e aos vilarejos que ele planejava visitar depois. Ele os advertiu com firmeza de que poderiam ser ridicularizados ou até mesmo perseguidos por serem seu representante. "Vocês são como ovelhas no meio de lobos", ele disse.

Os setenta discípulos partiram, caminhando com dificuldade na areia, esperando o pior depois das advertências pessimistas de Jesus. Mas retornaram exultantes. As pessoas os haviam aceitado. Cidades estavam esperando com ansiedade pela visita de Jesus. Eles haviam curado os enfermos. "Até mesmo os demônios se submetem a nós em teu nome", eles contaram quase que sem fôlego.

Jesus, que aguardava pelo retorno deles, deu um único resumo do que havia acontecido. Ele disse: "Eu vi Satanás cair como um raio do céu!". Jesus uniu os dois mundos. O mundo dos discípulos havia sido um mundo de caminhada sobre a areia quente, pregação a multidões misturadas, visitas às casas, pedidos para ver os doentes e anúncio da vinda de Jesus. Todas suas ações ocorreram no mundo visível que se pode tocar, cheirar e ver. Mas Jesus, com percepção sobrenatural, viu que aquelas ações no mundo visível estavam tendo um impacto fenomenal no mundo invisível. Enquanto os discípulos cantavam vitória no mundo visível, Satanás estava caindo para atacá-los no mundo invisível.

Em Lucas 12, Jesus deu mais algumas dicas de que o que acontece aqui no mundo visível afeta o outro mundo. Ele disse que qualquer coisa que cochicharmos em secreto, pensando que estamos sozinhos e seguros, um dia será retransmitida no alto das casas, para que todos escutem. Nenhum ato, até mesmo um cochicho, passará despercebido no mundo. Cada um está registrando sua marca no mundo invisível. Jesus disse que quando um pecador se arrepende, os anjos no céu se alegram. Hoje você pode assistir a um pecador se arrepender. Vá a uma cruzada de um grande pregador e você verá, em cores, muitos pecadores se arrependendo. A câmera se aproxima de um homem de negócios de meia idade, cabeça abaixada, abrindo caminho por entre os assentos no estádio e que senta para conversar com um conselheiro. Ela se volta para uma garota vestida de calça *jeans* e uma jaqueta do exército, soluçando baixinho em um canto enquanto um amigo lhe explica a Bíblia a ela. De acordo com o que Jesus disse, enquanto esses atos visíveis estão acontecendo, alguns atos invisíveis, grandiosos, também estão ocorrendo. Os anjos estão fazendo uma verdadeira festa no céu. Os dois mundos estão funcionando como se fossem um.

Jesus continuou: "Eu lhes digo: quem me confessar diante dos homens, também o Filho do homem o confessará diante dos anjos de Deus. Mas aquele que me negar diante dos homens será negado diante dos anjos de Deus" (NVI).

O homem Jesus foi, sem dúvida, o exemplo extremo de dois mundos funcionando como um. Ele foi um homem com glândulas sudoríparas, cabelo, unhas, lábios e todas as características que definem os seres humanos. No entanto, dentro daquele corpo, Deus morava.

Todos nós que somos cristãos cremos no mundo invisível; nós simplesmente o esquecemos. Somos consumidos por nosso mundo de argumentações, relacionamentos, empregos e escola — e mesmo o mundo "religioso" da igreja e das reuniões de oração. Talvez, se Jesus estivesse em carne em nosso meio murmurando frases como "eu vi Satanás cair" sempre que Deus nos usasse, nós nos lembraríamos melhor.

O mundo em que vivemos não é um mundo *ou uma coisa ou outra*. As ações que tomo como cristão — oração, adoração, amor — não são exclusivamente naturais ou sobrenaturais. São ambas as coisas, funcionando ao mesmo tempo.

Como lembretes do mundo sobrenatural recebemos o Espírito de Deus, que habita permanentemente em nós. Recebemos os bons conselhos da Bíblia e de companheiros cristãos, que afirmam conosco que, sim, há outro mundo, e Deus está vivo e se importa conosco.

Além de todos estes lembretes especificamente cristãos, há no mundo muitos rumores de Deus que podem ser detectados por todos. Você quer ver uma expressão do poder de Deus? Levante cedo e assista ao nascer do Sol. Visite as praias da Califórnia durante a estação de migração das baleias e contemple-as brincando e fazendo folia.

Você se pergunta se o homem é imortal? Pensem em sua reação quando passa por um animal morto na rua. Talvez sinta uma dor aguda de lamento ou tristeza, especialmente se ama os animais; não se trata, no entanto, da reação que você teria se passasse por um corpo humano estirado ao lado da calçada. Você primeiro perderia a voz, para, no momento seguinte, gritar a plenos pulmões. A lembrança lhe ficaria gravada a fogo na mente. Você nunca esqueceria a cena. Qual é a diferença? Ambos os corpos são feitos de tendões, sangue, osso e órgãos. A diferença não é nada visível; é o fato de que a pessoa é imortal, feita à imagem de Deus.

Às vezes me lembro claramente do mundo invisível. Posso sentir sua existência tão fortemente que chega a parecer mais real que o mundo visível. O atributo da *fé* permite que eu creia — o atributo que a carta aos Hebreus define como "a certeza daquilo que esperamos e a prova das coisas que não vemos" (Hb 11:1, NVI). Naqueles momentos (eu me lembro de como me senti depois de minha conversão) me pergunto como alguém poderia duvidar. Em outras ocasiões — na maioria das vezes quando estou cansado e irritado, e briguei com alguém — mal posso me lembrar do mundo invisível. Aqueles momentos, também, são sintomas da grande luta espiritual que ocorre por trás das cortinas, acompanhando todos os momentos de minha vida.

"Não há campo neutro no universo", disse C. S. Lewis. "Cada polegada, cada milésimo de segundo, é reivindicado por Deus e reivindicado por Satanás."

Às vezes sou forte o suficiente para crer nisso por mim mesmo. Sinto-me como parte de uma batalha. Mas em outros momentos me esqueço, e devo ser impelido de volta a Deus, a sua Palavra, à dependência desesperada dele e de seus seguidores aqui na terra. Eles me lembram do mundo invisível e de meu papel nele. Satanás não abre mão de seu terreno com facilidade.

Discurso intransigente

Paulo Purim

■

Recém-saídos da faculdade de Administração e tentando abrir um negócio juntos, eu e o Antônio César dividimos por mais de um ano um quarto de pensão na cidade de Cascavel, no oeste do Paraná.

O César, um sujeito mais baixo que eu, amigável, articulado, o rosto bonito pontuado por um nariz levemente adunco, era um dos dois ou três amigos leais que eu havia angariado na universidade. Como não conhecíamos quase ninguém na cidade, passávamos, a princípio, quase todo o tempo juntos em Cascavel, exceto nos finais de semana, quando eu voltava para Curitiba.

Embora nunca tivesse perguntado diretamente, eu sabia que o César ficava intrigado com todo o tempo que eu gastava na igreja nos finais de semana. Um dia, no quartinho da pensão, o César anunciou que estava lendo a Bíblia.

— Mas não estou entendendo muita coisa — ele antecipou. — Tem muita genealogia em Gênesis.

Pego de surpresa e muito satisfeito com a eficácia do meu "testemunho silencioso", tentei não fazer alarde, para não afastar, com minha empolgação, meu amigo de sua iniciativa.

Apesar de ser a escolha mais óbvia (é o primeiro), eu sabia que Gênesis não era o livro ideal para se começar a leitura da Bíblia. Agora que o César estava pedindo abertamente minha ajuda, eu não podia deixá-lo na mão. Lembrei que havia lido em algum lugar que a pessoa deveria começar pelos Evangelhos, e dentre os Evangelhos, pelo de João, e foi o que disse ao César.

Passaram-se semanas. Eu nunca via o César lendo a Bíblia, embora estivéssemos quase sempre na mesma sala ou no mesmo quarto. Talvez, eu pensei, ele lesse nos finais de semana. Uma noite, sem mais agüentar o suspense, perguntei o que ele estava achando de ler o Evangelho de João.

A resposta veio meio constrangida, como se ele estivesse já há algum tempo querendo evitar o assunto.

— É legal — disse o César. — João é bem mais legal que Gênesis.

Fiquei esperando mais, e ele percebeu.

— O problema é que Jesus... — ele continuou, cada vez mais constrangido. — Às vezes, as coisas que ele diz, soa um tanto... Jesus parece às vezes meio...

— Meio... — tentei ajudá-lo a vencer a hesitação.

— ... arrogante — ele desabafou, e olhou-me nos olhos para ver minha reação, que não podia ser boa.

Tentei segurar a barra, mas aquele foi um tremendo balde de água fria. O César logo me explicou o que estava querendo dizer. Volta e meia, no Evangelho de João ainda mais que nos outros três, Jesus dispara uma certeza contundente e intransigente a respeito da realidade e de si mesmo. Coisas como "eu *sou* a ressurreição e a vida", "eu *sou* o caminho e a verdade", "eu *sou* o pão do céu" e "*ninguém* vem ao Pai senão por *mim*". Basicamente, o César estava decepcionado com Jesus porque ele era categórico demais; seria de esperar, naturalmente, um cara mais manso, menos cheio de certezas e menos pronto a despejar no colo dos outros afirmações que não admitem dúvida.

Logo me acalmei e entendi as raízes do sentimento de meu amigo. Vivíamos já (era a década de 1990) numa cultura profundamente orientada pelo que viria a ser chamado, nos anos seguintes, de "politicamente correto". Não era de bom-tom, como Jesus fazia a cada virada de página, falar favoravelmente de si mesmo, nem emitir opiniões que excluíam a opinião dos outros. Na nossa época, ninguém pode se dar ao luxo de ser tão afirmativo como Jesus, e meu amigo César ressentia-se disso.

O discurso intransigente de Jesus parecia violar diferentes formas de expressão, rejeitar culturas inteiras. Além disso, se Jesus era o que realmente afirmava ser, por que havia tão pouca *ressurreição* e *vida* e *caminho* e *verdade* na vida dos cristãos que o César conhecia? Eu deveria ter sido capaz de antecipar essas objeções, mas não fui.

Tudo que consegui dizer foi:

— Existe sempre a chance de que ele estivesse certo —, mas já enquanto falava percebia quanto meu argumento era fraquinho.

Na época do Novo Testamento, as afirmações mais categóricas de Jesus eram retumbantemente confirmadas pelo que ele *fazia*: "Se não faço as obras de meu Pai, não me acrediteis; mas, se faço, e não me credes, crede nas obras; para que possais saber e compreender que o Pai está em mim, e eu estou no Pai" (Jo 10:37, 38).

Em nossos dias, não só as afirmações mais extravagantes de Jesus, mas também nossa fidelidade a ele, requerem evidência comprobatória: "Nisto conhecerão todos que sois meus discípulos: se tiverdes amor uns aos outros" (Jo 13:35).

Talvez meu amigo César precisasse de evidência que eu não era capaz de fornecer.

▪

A PRESSÃO

Tim Stafford

> ■ **Tentação:**
> Quando aquilo que parece bom é ruim.

Você sabe qual desventura considero mais desanimadora que qualquer outra em minha vida? É o sentimento que tenho logo após ter cedido, de novo, à tentação — depois de sentir uma enorme autopiedade ou de olhar para uma revista pornográfica.

Não tenho dúvida quanto ao perdão. Sei que Deus tirará o pecado e me renovará. Mas me pergunto se algum dia escaparei da tentação. Quando se trata de encará-la, será que tenho forças para resistir? Posso me enxergar caindo de novo, de novo e de novo.

Assim, tenho pensado na tentação, imaginando se há uma chave, um segredo mágico para resistir a ela. "Entregar-se a Deus" ou "voltar-se para o Senhor" são frases que têm me ajudado às vezes. Mas tenho descoberto que não há mágica nas frases. Não posso dar as costas à tentação pondo-me a fazer ginástica mental.

"Técnicas" religiosas têm me desanimado. Com elas acho que tenho a resposta. Então, cedo à tentação mais uma vez, e abruptamente me dou conta de que não tenho.

Tem ajudado, no entanto, pensar na natureza da tentação. Há alguma característica consistente que posso discernir nela? Encontrei três diferentes componentes da tentação, e todos os três devem ser tratados de uma única vez.

A tentação pode ser um objeto físico que você encontra. É uma linda mulher que você pode facilmente transformar em objeto, ao deixar que o corpo dela lhe ocupe os pensamentos.

A tentação é um pedaço de torta quando você está tentando perder peso. É uma revista pornográfica. É aquele troco a mais que o caixa lhe devolve.

Se você quiser evitar a tentação, evite estes objetos o máximo que puder. Infelizmente, não é fácil distanciar-se de alguns desses objetos sem se tornar eremita.

A tentação é uma situação de pressão, quando todo o mundo o provoca e humilha para que faça algo que você não gostaria.

A tentação é quando seu chefe pega no pé e você tem vontade de chicoteá-lo. É quando você está no meio de estranhos que estão rindo e se divertindo e você tem vontade de sumir dali e curtir a autopiedade.

Em outras palavras, a tentação vem com situações de pressão. Por conta própria, você talvez não queira fazer algo que o leve a situações de tentação. Você não se envolveria com fofoca se não estivesse no meio de amigos que estivessem fofocando. Não falaria palavrões se seus amigos não falassem.

De algumas dessas situações você pode ficar distante, tanto quanto pode ficar distante de objetos tentadores. Se um grupo de amigos está sempre envolvido em problemas, você pode encontrar novos amigos ou ficar longe deles nas ocasiões em que saírem procurando problemas.

Há outras situações que você pode evitar. Uma observação bem colocada pode aliviar um momento de tensão. Você pode se tornar um líder em seu grupo em vez de ser mero participante. Você pode sentar com seu chefe e explicar como se sente, de modo que ele não se sinta tão inclinado a pegar-lhe no pé.

Infelizmente, algumas dessas situações de pressão não são fáceis de evitar ou mudar. A tentação parece inevitável.

A tentação é uma voz em sua cabeça sugerindo: "você é indigno. Por que tentar?". A tentação diz: "Se eles o tratam assim, você deve tratá-los da mesma maneira. Eles merecem." "Que diferença faz se você enganar mais uma vez?"

A tentação trabalha de dentro para fora, pondo em questão se o que Deus diz é verdade e espalhando meias-verdades em sua mente. Este é o aspecto mais devastador da tentação. Objetos tentadores e situações de pressão não são suficientes: eles têm de vir acompanhados de pensamentos que operam no cérebro. E dos pensamentos você obviamente não pode fugir. Você pode ser tentado em qualquer lugar, a qualquer hora — na igreja, sozinho, no deserto (onde, de fato, Jesus foi mais severamente tentado). Então, como poderá "evitar a tentação?"

Você, na verdade, não pode evitá-la. Algumas pessoas tentam isolar a tentação de suas vidas. Só freqüentam festas "seguras", assistem a filmes "seguros" e têm amigos "seguros". Ficam distantes da praia e de livros não-cristãos. Estabelecem uma série de regras para seguir rigidamente, de modo que a tentação jamais encontre uma brecha em sua personalidade. Todas essas coisas podem ser apropriadas ocasionalmente para manter a porta da tentação fechada. Mas qualquer solução real também tem de lidar com o cérebro. Se seus pensamentos estiverem livres da tentação você poderá resistir aos problemas que amigos e situações trazem a sua vida.

Acho determinada analogia muito útil. A pressão física, real, assemelha-se à pressão da tentação. Você pode "escapar" dela até certo ponto. Você acha que um submarino, por ser à prova d'água, pode descer tão fundo quanto deseje? Não pode. Até mesmo os submarinos atômicos construídos com reforço suficiente para atravessar o gelo do Pólo Norte possuem um limite de profundidade. Um submarino conhecido como *Thresher* ultrapassou essa profundidade alguns anos atrás. Quando a pressão ficou muito grande, a água do mar triturou seu casco de aço como se o submarino fosse um modelo de plástico. Os pesquisadores encontraram apenas fragmentos daquele enorme submarino. O tremendo peso do mar havia esmagado seu casco de aço. Isso é pressão.

E se você quiser ir mais fundo para alcançar o fundo do mar? Há estruturas construídas especialmente para isso. Elas são estritamente para pesquisa — bolas de aço que descem no oceano através de um cabo. Somente um pesquisador cabe dentro delas, protegido pelo pesado revestimento de aço. Enquanto desce, ele espreita por uma placa grossa de vidro, procurando nas profundezas do oceano pela vida que pode sobreviver debaixo de uma pressão dessas.

Ele vê peixes. Você poderia supor que esses peixes, vivendo em tamanha profundidade, tivessem a constituição de um tanque do exército. Mas não têm. Enquanto o pequeno submarino tem polegadas de aço para protegê-lo, esses peixes têm pele normal, com uma fração de polegada de grossura. Eles nadam livremente, curiosos, ao redor do escafandro. Às vezes emitem luzes de néon. Têm olhos enormes. São os peixes mais exóticos que já se viram. Como podem sobreviver debaixo de tanta pressão? Eles possuem um segredo: uma pressão igual e contrária dentro de si mesmos.

Na vida real, alguns cristãos lidam com a pressão revestindo-se com polegadas de aço. Eles se protegem do mundo exterior e se encurralam em um espaço estreito, tateando na escuridão. Eles estão seguros ali dentro. Mas o tipo de liberdade de Deus é mais como a do peixe. Mantemos nossa forma não por meio do aço, mas por meio do Espírito de Deus, que nos dá força interior para lidar com cada ponto de pressão em nossa vida.

Romanos 12:2, uma conhecida passagem da Bíblia, diz essencialmente isto: "não se deixem comprimir no molde deste mundo, mas sejam transformados pela renovação de suas mentes". A pressão exterior quer fazer que você se amolde — que seja como todo o mundo. O Espírito de Deus contra-ataca a partir do interior, através de sua mente.

Não adianta dizer a si mesmo que a tentação não existe. Se você está de dieta, um pedaço de torta de maças parece tentador, e não há nada de mal nisso. Já ouvi gente dizer que o pecado não tem graça, mas não é verdade. O pecado é divertido... por algum tempo.

O que torna a tentação sem graça a longo prazo são as coisas que vêm atreladas a ela. Você pode gostar de um pedaço de torta hoje, mas isso significa que amanhã não vai gostar do que a balança terá para lhe dizer. Você pode gostar de sentir autopiedade hoje, mas dias demais sustentando autopiedade, e ela será a *única coisa* de que você poderá desfrutar: você já não terá mais amigos. O sexo antes do casamento pode ser prazeroso hoje, mas que tipo de atitudes e relacionamentos você estará construindo para o amanhã?

Uma mente transformada, que tenha forças para resistir à tentação, requer apelo a lealdades elevadas, desejos mais fortes. Resistir à tentação é basicamente simples, se você pensar bem. É uma escolha. Você pode analisar as opções e decidir o que quer fazer. O problema é que os prazeres da tentação são, na maioria das vezes, mais óbvios e imediatos que os prazeres de não ceder. Além disso, sua mente já foi distorcida repetidamente, de modo que nem sempre consegue ver de maneira clara aquilo que realmente é bom para você. Parece bem melhor ser amado por uma multidão de amigos que ser amado por Deus. Você precisa, portanto, renovar a mente — entrar em contato com o que é realmente melhor para si.

Você precisa reeducar a mente de modo que essas recompensas se tornem tão óbvias quanto as recompensas que recebe por ceder à tentação.

Talvez os princípios a seguir o ajudem nesse processo.

1. *Saiba onde está pisando*. Pense nos resultados a longo prazo de suas ações. Hoje pode ser mais fácil brigar com sua noiva e fazer as coisas de seu jeito. Mas que tipo de relacionamento você está cultivando para o futuro? Por outro lado, para onde a obediência a Deus vai conduzi-lo? Se você consegue enxergar os atrativos do tipo de vida que Deus quer plantar em você, será menos tentado a optar pelo prazer momentâneo. A Bíblia está repleta de comentários sobre como é boa a vida com Deus. Muitos dos salmos falam do puro contentamento de estar em contato com Deus e de ser obediente a ele, renunciando às alegrias deste mundo. Alguns dos salmos também confrontam de maneira franca os sentimentos amargos que brotam quando vemos incrédulos felizes e bem-sucedidos sem Deus, enquanto nossa fidelidade parece não ter valor. Leia esses salmos e observe atentamente as vantagens de não ceder à tentação.

2. *Substitua os pensamentos tentadores por algo melhor*. Você não pode ignorar a tentação, mas pode encher seus pensamentos de algo mais. A oração, na maioria das vezes, ajuda, e não necessariamente a oração pedindo ajuda para resistir à tentação. Eu sempre começo orando pelos amigos. Às vezes, quando estiver se sentindo tentado, é de muita ajuda lembrar

do poder e do amor de Jesus, que está a seu lado, que vive com você. Algumas pessoas usam este versículo para ajudá-las a lembrar: "tudo posso naquele que me fortalece" (Fp 4:13).

Mas você não tem de encher a mente com pensamentos religiosos. Às vezes a melhor coisa a fazer é apanhar um livro interessante, ligar para um amigo ou começar a trabalhar em algum projeto. Se você for tentado a assistir a um filme violento, procure outro. O problema com muitas tentações é que elas são próximas e imediatas. Se você conseguir colocá-las de lado por um tempo e der à mente a chance de se recuperar do pânico, estará em melhores condições de enxergar um quadro mais amplo.

3. *Sua mente tende a seguir padrões*. Mude os padrões e você mudará a mente. Em uma família, as crianças estão sempre brigando sobre os programas de TV a que vão assistir. Elas deveriam mudar o padrão, decidindo com antecedência os programas e chegando a um acordo muito antes de ligar o aparelho.

Para mim, estar cansado significa, na maioria dos casos, estar deprimido. Sou capaz de discursar para mim mesmo que não tenho direito de me sentir um coitado. Porém uma solução mais eficaz é ir para a cama quando estou cansado. Isso de algum modo tira o foco do ato de resistir à tentação. Eu a driblo, em vez de encará-la de frente e orar por força para resistir.

4. *Rompa com o padrão do fracasso confessando*. Quando você fala sobre seus erros com outra pessoa, isso muda sua atitude. Por um lado, você recebe perdão, e a mente pode então descansar. Você se recusa a se entregar e a repetir seus fracassos por conta de uma atitude do tipo "já-fiz-uma-vez-que-diferença-mais-uma-pode-fazer?". Por outro lado, um amigo pode ajudá-lo a sustentar sua decisão de não mais ceder à tentação. Ele pode acompanhá-lo, encorajá-lo e orar por você.

Se você, por exemplo, disse algo injusto a respeito de alguém, admitir o que fez e pedir perdão à pessoa de quem falou mal faz que a situação tenha muito menos probabilidade de se repetir. Você confrontou seu pecado abertamente, e vai lembrar-se disso na próxima vez em que for tentado.

5. *Acima de tudo, lembre-se de quem você é: um filho de Deus, amado por ele.* Quando os pensamentos tentadores vierem, traga esse fato à lembrança: "eu poderia agir assim, mas isso traz glória a Deus de verdade? Eu quero ser leal e amável para com ele do mesmo modo que ele é comigo". Quanto mais você compreender o amor de Deus, mais vai querer estar perto dele e obedecer-lhe. Algumas de suas tentações irão simplesmente desaparecer: passarão a parecer coisa boba. Seus prazeres serão insignificantes, se comparados às coisas boas que está experimentando.

Reitere essa compreensão de sua própria identidade lendo a Bíblia e aplicando o que ela diz, conversando com Deus, com os amigos, escutando o que pastores e outros cristãos têm a dizer, e em especial adorando e agradecendo a Deus pelo que ele tem feito por você. A mensagem de Cristo é esta: você simplesmente não precisa agir da maneira antiga. Você é uma nova pessoa com um modo de agir completamente novo. Diante da grandeza do amor de Deus por você, como rejeitar esse amor ignorando o que ele diz?

Você se fortalece toda vez que derrota a tentação. Cada sucesso é um exercício de edificação. Quanto mais você experimenta a alegria que Deus tem para sua vida, menos atraente a velha vida se mostra. Sempre haverá tentações enquanto viver nesta terra, mas quanto mais se aproximar de Deus, menos vai querer decepcioná-lo.

Só mais uma coisa: cada um de nós possui ao menos um ponto fraco. Podemos descobrir que a tentação é muito forte ali e experimentar repetidos fracassos. Com freqüência ficamos desanimados e somos tentados por um pecado ainda pior: a desesperança.

Em ocasiões assim, é mais importante que nunca perceber a natureza ilimitada do perdão de Deus. Ele *é* ilimitado — conceito de difícil compreensão para nós. Mas se você se apegar a ele, um dia vai compreender. E não apenas isso: um dia a área em que você é mais fraco será transformada num ponto particularmente forte.

O instinto ASSASSINO

Philip Yancey

■ **Competição:**
"O mais curioso e assustador é que, quanto mais se vence, mais é preciso vencer."
Bob Cousy

"Entrei em meu quarto de hotel e tranquei a porta. Durante as 36 horas seguintes fiquei ali dentro trancado, sozinho. Pedi que todas as refeições fossem servidas no quarto. Não respondi ao telefone. Pensei tanto e tão intensamente em Frank Selvy que, se ele tivesse entrado no quarto, eu teria pulado em seu pescoço e tentado estrangulá-lo. Se alguém tivesse me tocado ou até mesmo conversado comigo, eu teria tentado matá-lo. Ou, mais provável, teria desabado e começado a chorar."

Essas palavras poderiam ter saído da boca de um esquizofrênico perigoso, alguém que deveria ser mantido numa camisa-de-força. Mas não saíram; elas foram escritas por Bob Cousy, um dos maiores jogadores de basquete profissional de todos os tempos. Frank Selvy era seu adversário do *Los Angeles Lakers*, e o delírio descrito por Cousy representava seu estado de espírito normal antes de um grande jogo.

No dia seguinte, na quadra, Cousy foi visto por milhões. Seu corpo elegante e ágil era uma maravilha de coordenação controlada. Dentro dele, no entanto, as emoções estavam fortemente amarradas por fios de aço, prontas para se liberarem com força feroz. Cousy era conhecido como um vencedor, e havia cultivado cuidadosamente o que chamava de "um instinto assassino que o impele a caminhar a milha extra necessária para alcançar um alvo enquanto os outros diminuem o passo ou param".

A competição é tão atraente, tão onipresente nos Estados Unidos, que é chocante ouvir um homem como Cousy questioná-la, como fez em seu livro *The killer instinct* (O instinto assassino). Por causa da competição, os homens têm alcançado altos patamares. A cada quatro anos os jogos olímpicos demonstram a beleza e a habilidade que a competição pode inspirar quando os melhores atletas do mundo se reúnem para testar os limites do corpo humano.

Não consigo imaginar como seria um dia sem competição. Tão-logo me junto à multidão, tomo consciência imediata das diferenças. Comparo o visual de duas garotas e decido qual das duas prefiro. Comparo personalidades e decido que pessoa eu quero como amiga. Estou consciente de como minhas roupas e meu estilo de penteado se encaixam no grupo.

Ainda assim me é fácil descartar esse tipo de competição como trivial. Bob Cousy pode ter problemas com o instinto assassino, mas meu tipo de competição é uma parte normal e saudável da vida, asseguro a mim mesmo.

Quando cursava o ensino médio, no entanto, fui forçado a confrontar o instinto assassino que se esconde dentro de mim e de todos. Toda escola de ensino médio que freqüentei é um borbulhante caldeirão de competição. Desde o momento em que entrei pelos portões da escola como calouro, fui arrastado por ela.

Em resumo, suponho que havia apenas dois grupos na minha escola — os Vencedores e os Perdedores. Você podia identificar um Vencedor pelo modo como ele caminhava pelo corredor — confiante, composto, cercado de admiradores sorridentes. Vencedores não ligavam se pisavam em alguém. Os Perdedores estavam normalmente sozinhos, usando os corredores como um tubo pneumático que os sugava para a segurança anônima de um livro e de uma carteira na próxima sala de aula.

A maioria de nós não fora agraciada com um corpo cheio de talentos; tínhamos somente um ou dois. Para nos tornarmos Vencedores tivemos de descobrir nosso melhor ingresso para o sucesso e explorá-lo. Os durões e rabugentos se juntavam aos de brilhantina nos cabelos e assumiam um ar levemente insolente e indiferente. Os fortes e coordenados agarravam-se à fanfarronice das manchetes de todas as revistas/jornais/informativos universitários relacionados ao mundo dos esportes.

Quanto maiores as escolas, mais coloridas eram as esferas de domínio dos Vencedores. Algumas tinham fanáticos por ciência, fanáticos por bandas e fanáticas por liderança de torcida. Em qualquer um dos casos, o segredo para o Vencedor era encontrar um nicho e escalá-lo, na maioria das vezes usando outras pessoas como escada.

Um incidente no colégio garantiu minha entrada no time dos Vencedores. Um colega de escola, Hal, era ativista político. Respirava história, a Constituição, o Congresso e todos os tipos de relíquias que o resto de nós pensava há muito ter superado. Quando éramos já terceiranistas, Hal sabia que não teria chance de levar seus colegas de classe a conversar seriamente sobre política. Ele então voltou-se para os calouros.

Hal conseguiu reorganizar a liderança estudantil nos moldes do senado e da câmara dos deputados, como, segundo imaginava, era a vida real. Cada sala elegeu um representante; cada ano elegeu dois senadores. Hal era um idealista, perfeitamente sincero, até mesmo fanático. Os calouros ficaram entusiasmadíssimos, uma vez que com as assembléias eles controlariam a casa e aprovariam todas as leis que os favorecessem. Nós, terceiranistas e graduandos, éramos desdenhosamente cínicos.

Hal era também obeso, tinha uma voz bem baixa e vestia calças largas — um alvo perfeito para gozações.

Por ser tão fanático e idealista, alguns amigos e eu decidimos dar-lhe uma lição. Seu partido político tinha mais de mil membros pagantes, a maioria calouros entusiasmados. Criamos a oposição formando o Partido da Direita Estudantil, com oito membros.

O confronto aconteceu na primavera. Hal e seus simpatizantes tinham um jornal, uma plataforma e uma completa lista de candidatos para cada sala de preparação, corpo legislativo e posição no corpo discente. Eles queriam criar até mesmo uma Suprema Corte! E Hal — o Hal atarracado e rato de biblioteca — estava concorrendo para a vaga de presidente do corpo discente.

O Partido da Direita Estudantil não ligava para assembléias elegendo representantes de classe ou cadeiras para novatos no corpo legislativo. Nós selecionamos a dedo os garotos mais populares das classes de graduandos e terceiranistas (sem levar em consideração suas habilidades), fizemos que se filiassem a nosso partido com um apelo a seus instintos de poder, e os colocamos para concorrer ao corpo legislativo e às posições no corpo discente. Uma agressiva campanha corpo-a-corpo, com pôsteres chamativos por toda a parte, discursos inflamados e caricaturas de Hal, tomou a escola de assalto. Ficávamos até tarde da noite criando *slogans*, e espalhávamos boatos infundados sobre as pessoas. Também tínhamos uma plataforma:

abolir a câmara e os partidos políticos "nanicos", e restaurar o cinismo no governo estudantil.

Funcionou. Nossos candidatos ganharam todos os postos, exceto o de secretário do corpo discente. E Hal sofreu uma derrota esmagadora. Eu estava com ele contando votos, e quando a derrota ficou óbvia ele saiu da sala arrasado, em lágrimas. Seu sonho havia sido destruído, e nós estávamos triunfantes. Hal nunca me perdoou.

O governo estudantil não fez nada naquele ano, mas eu havia me tornado um Vencedor. O fato de que gente sincera foi pisoteada no processo foi somente parte do jogo da competição.

Minha entrada no governo estudantil havia começado como uma piada, uma maneira inofensiva de ridicularizar alguns fanáticos que levavam a escola a sério demais. Mas durante o caminho meus amigos cínicos e eu havíamos nos envolvido na adrenalina da competição. Começamos a querer ganhar. Deixamos de vèr Hal e seus amigos como idealistas sinceros e respeitáveis. Eles se tornaram inimigos.

Se alguém nos tivesse forçado a pensar sobre o que estávamos fazendo no meio da campanha, provavelmente teríamos admitido que estávamos errados. Mas o gosto pela competição se espalha como uma doença. Ela logo nos possuiu tão completamente que todos pensávamos em ganhar, e não mais nos assuntos em discussão.

Era, na verdade, apenas outra forma de preconceito. Os seres humanos gostam de escolher algum grupo — negros, poloneses, caipiras — fácil de desprezar. Alimenta os egos. Atesta que nosso grupo é o importante. Nós somos os Vencedores, eles são os Perdedores. Na cabeça dos Vencedores, os Perdedores são sempre menos que gente.

Jogadores de beisebol, que são normalmente corteses e dedicados pais de família, podem se tornar alucinados agressivos e praguejantes na pressão de um jogo. No dia seguinte, ao assistirem às reexibições na TV, muitos deles devem se sentir constrangidos. *Por que agi dessa forma? Aquela marcação do árbitro era mesmo tão importante a ponto de me fazer perder a cabeça diante de milhões de fãs?* A competição nos cega, de modo a não vermos as coisas de uma perspectiva sóbria e distante. Ela nos agarra e aperta até que tudo em que conseguimos pensar é na vitória.

No mesmo ano da eleição de meu Partido da Direita Estudantil tomei contato com um homem que, ao contrário de mim, parecia preferir os Perdedores aos Vencedores. A abordagem dele era tão inédita para mim que eu não conseguia deixar de pensar nela.

O homem era Jesus. Li os Evangelhos, e aqui está o que encontrei: Quando encontrou uma mulher samaritana, Jesus tratou-a com respeito e conduziu uma conversa inteligente, para a irritação de seus seguidores, cientes do que acontecia. Quando um odiado coletor de impostos chamado Zaqueu subiu numa árvore para vê-lo, Jesus foi jantar com ele naquela noite. Ele demonstrou bondade até mesmo a uma adúltera, a gente com lepra... e aos que o mataram. Ele dizia coisas como "não julguem" e "amem os seus inimigos".

No começo, as idéias de Jesus me afastaram dele, como faziam os cristãos que eu conhecia. Porém, gradualmente, seu amor e seu afeto começaram a penetrar minhas defesas de aço. Ele usou dois incidentes em particular para alcançar meu coração.

Um deles ocorreu no ônibus que eu tomava todos os dias para ir ao trabalho. Ônibus de periferia normalmente atraem os abatidos e destituídos, os Perdedores deste mundo. Este estava cheio de velhas senhoras obesas, suando muito, as meias enroladas até os tornozelos. Uma senhora negra de meia-idade, vestindo roupas esfarrapadas e arrastando uma criança de três anos atrás de si, levantou-se e seguiu pelo corredor. No meio do caminho o menino largou a mão da mãe, inclinou-se e *vomitou* — do lado do meu banco! A mãe praguejou, agarrou-o pela mão e arrastou-o pelo corredor.

Senti repulsa. Por que deveria eu, trajando roupas novas e com um trabalho respeitável, ser obrigado a cheirar fedor e estar lado a lado com a pobreza suada?

Depois de mudar para outro banco pelo resto da viagem, fiquei pensando em minha reação. Pensei em Jesus — criticado por jantar com prostitutas e pecadores.

Também comecei a pensar na miséria da vida daquela mulher. Ela tomou esse ônibus porque não tinha carro. Talvez seu marido a tivesse abandonado e à criança. Ela provavelmente não havia sido treinada para um trabalho que lhe desse mais dinheiro. Talvez fosse tão rejeitada por sua aparência relaxada e sua vida sufocante quanto eu fui. Mas ela havia ficado enredada nisso, sem nenhuma saída.

Eu a havia rotulado de "parasita social", evitando-a do mesmo modo que os dois personagens na parábola do Bom Samaritano, contada por Jesus, haviam evitado uma vítima ensangüentada na sarjeta. Perguntei-me quão repulsivos nós — não, eu — devemos às vezes parecer para Deus.

Saí do ônibus aplacado, mas ainda sem uma solução. A mulher era digna de pena, e pena era a emoção mais benevolente que eu era capaz de nutrir por ela.

Outro incidente aconteceu na cantina da faculdade. Cansado da usual conversa sobre trivialidades em meu grupo de Vencedores, optei por sentar-me ao lado de uma evidente Perdedora. Ela era muito magra e tímida, mal conseguia olhar para a pessoa com quem estava conversando. Embora ela fizesse comigo duas matérias, eu nem sequer sabia seu nome. Sentei-me a seu lado bem por acaso, mas ela pareceu grata. Puxando conversa, comecei perguntando por sua família e interesses.

Por alguma razão, ela se abriu. Contou-me uma história incrível sobre um pai alcoólatra que explodia em surtos de ira violenta contra ela e sua mãe. Depois da escola ela tentava entrar em seu quarto sem ser vista. Temor e ansiedade eram presença constante todas as noites. Se saísse do quarto, o pai a estaria esperando com um cinto quando ela voltasse. Se ficasse no quarto, ele poderia entrar sem aviso a qualquer momento.

Comecei a compreender por que ela sempre caminhava junto da extremidade da calçada, de cabeça baixa. Por que saltava nervosamente quando os professores chamavam seu nome. Por que normalmente sentava sozinha na hora do almoço.

Ocorreu-me que minhas inseguranças e meus temores — que não eram na verdade diferentes dos dela — tinham sido a força que me motivou a destruir Hal e lutar para me tornar um Vencedor.

Enquanto conversava com ela, tentei encorajá-la, fazê-la crer em si mesma.

E nesse momento percebi que não funcionaria nem rejeitá-la nem sentir pena. Sentir pena era apenas uma forma inversa de competição: ela também equivalia a dizer “sou melhor que você”. De algum modo, eu precisava incitar seu verdadeiro valor. Mas não sabia como.

Fui para casa naquela noite profundamente tocado por sua história, mas ainda perturbado com o Perder e o Ganhar. Eu havia sido atingido e não estava mais seguro acerca de mim mesmo ou de como tratar os outros. Eu havia me tornado vítima da tendência de rotular pessoas de Vencedoras e Perdedoras. Como não sentir outra coisa senão pena da garota na faculdade ou da senhora no ônibus? Folheei o Evangelho de Mateus e notei novamente que Jesus tinha muito a dizer sobre Ganhar e Perder. Ele dizia coisas como "que aproveita ao homem ganhar o mundo inteiro [Ganhar] e perder a sua alma?"

E considerei esta passagem: "Bem-aventurados os pobres em espírito, pois deles é o Reino dos céus. Bem-aventurados os que choram, pois serão consolados. Bem-aventurados os humildes, pois eles receberão a terra por herança. Bem-aventurados os que têm fome e sede de justiça, pois serão satisfeitos. Bem-aventurados os misericordiosos, pois obterão misericórdia. Bem-aventurados os puros de coração, pois verão a Deus. Bem-aventurados os pacificadores, pois serão chamados filhos de Deus. Bem-aventurados os perseguidos por causa da justiça, pois deles é o Reino dos céus" (Mt 5:3-11, NVI).

Em cada exemplo eu quase podia substituir as palavras por: "Bem-aventurados os Perdedores, pois eles serão Vencedores". No princípio, ao ler a lista das pessoas que Jesus declarava felizes (ou bem-aventuradas), pensei que ele estivesse sendo complacente. Uma vez que eram gente pobre, perseguida e humilde, ele estava meramente pronunciando sobre elas uma bênção, do mesmo modo que eu jogaria um osso a um cachorro vira-lata.

Mas, enquanto pensava nisso, uma pergunta perturbadora surgiu. E se Jesus estivesse querendo dizer aquilo mesmo? E se todos meus estratagemas para competir, coisas como passar por cima de Hal, considerar-me superior aos pobres no ônibus, estar determinado ao sucesso, fossem todas verdadeiramente fúteis? Muitas das pessoas mais bem-sucedidas não eram felizes, isso era certo. Os atletas que eu conhecia viviam sempre agitados; não conseguiam estudar, eram presunçosos e antipáticos, e mesmo a felicidade da conquista de um campeonato passava rapidamente. Como disse a ex-estrela do basquete Bob Cousy, a determinação de vencer nunca é satisfeita; tudo o que ela faz é levá-lo a querer mais.

Jesus era o oposto. Seus valores não estavam fundamentados em gabinetes escolares, em riqueza, em *status* ou em *ser maneiro*. Ele, afinal de contas, não tinha lar nem dinheiro. Foi abandonado pelos amigos e executado pelos compatriotas. Ainda assim, de algum modo ele foi vencedor. Cumpriu sua missão na terra. Sua vida virou o mundo de cabeça para baixo, embora ele nunca tenha pisado em ninguém para fazer isso.

Talvez o grupo de pessoas que Jesus elogiou fosse verdadeiramente de Vencedores porque haviam desistido de competir. Já estavam convencidos de que não podiam comprar a felicidade exibindo-se ou sendo bem-sucedidos. Eram pobres, oprimidos, derrotados. Como conseqüência, estavam mais ávidos por aceitar o amor de Deus quando o Senhor o oferecia a eles. O amor de Deus parecia mais insignificante para mim: quem precisava dele? Mas, para as pessoas que Jesus descreveu, ele seria um ungüento bem-vindo e restaurador.

Comecei a concordar com Jesus, admitindo que eu estava errado em viver minha vida dentro de uma grande espiral de competitividade. O apóstolo Pedro (que constantemente guerreava contra o egoísmo) certa vez disse: "humilhem-se debaixo da poderosa mão de Deus, para que ele os exalte no tempo devido" (1Pe 5:6, NVI). Finalmente me humilhei diante de Deus. Admiti que estava errado em meu egoísmo e ao desprezar outras pessoas. Pedi a Deus que mudasse meus valores e de algum modo os fizesse semelhantes aos dele.

Enquanto me humilhava diante de Deus, ele me deu dignidade — a sua dignidade. Descobri que a realização não vem da luta para ser um Vencedor, mas de permitir que ele implante seus alvos e valores em mim.

Nenhuma das coisas com as quais meus amigos e eu nos preocupávamos tinha importância para Deus. Aparência, intelecto, força, *status*, habilidade — não faziam a menor diferença para ele. Como poderíamos impressionar o Criador do universo? Somente uma coisa importava: se eu havia me entregado a ele e lhe obedecia. Seu caminho é difícil, ainda que estranhamente belo: ninguém é excluído com base no talento ou na competição. Nós é que simplesmente nos excluímos quando escolhemos ficar contra Deus.

Confesso de imediato que minhas lutas com a competição não terminaram naquela noite. Duvido que um dia elas terminem. Ainda fico deprimido depois de jogar uma partida de tênis ruim, e sei que lutarei para dar o melhor de mim em meu trabalho. A diferença é que antes eu vivia para mim mesmo e competia superando as outras pessoas. Eu parecia bem apenas em contraste com elas.

Agora, no entanto, a única platéia que conta é o próprio Deus. Descubro que mais e mais estou competindo comigo mesmo, para fazer bem, para agradar àquele que me deu a habilidade. O foco mudou das outras pessoas para Deus.

Amigos cristãos têm me ajudado no processo. A maioria dos grupos aos quais eu pertencia eram regidos por jogos de *status*. Os mais bonitos, os mais engraçados e os mais inteligentes recebiam o maior respeito. Mas os cristãos funcionavam mais como uma família. No momento em que aceitei a Cristo passei a pertencer a essa nova família.

A experiência foi totalmente nova. Na escola eu recebia notas por tudo o que fazia. No trabalho estava claro quem dava as ordens e quem as recebia. Mas nessa nova família eu tinha valor simplesmente porque era um ser humano, e particularmente alguém que reconhecia a importância plena de Deus.

As famílias são diferentes de todo o resto. Numa família, uma criança retardada é tão amada e considerada tão importante quanto um estudioso brilhante. Nenhuma mãe põe um filho para fora de casa porque ele tem espinhas (embora muitos grupos na escola o excluiriam por essa razão). Do mesmo modo, na família de Deus somos todos iguais diante dele.

Ao convidar Cristo para me transformar, também descobri que com seu amor eu podia enxergar beleza e dignidade nas pessoas a meu redor. Vi Hal, a senhora no ônibus e a garota tímida como criações complexas de Deus. Eles não tinham de ganhar meu respeito: eles o tinham porque Deus os via dignos. E mais, eu os via como filhos potenciais de Deus.

O clímax da minha busca pela visão de Deus acerca dos Vencedores e dos Perdedores veio quando encontrei uma passagem extraordinária na Bíblia: Efésios 1 e 2. Li essa passagem e incluí nela o nome das pessoas mais desprezíveis e deploráveis que conheci nos lugares onde ela menciona como Deus nos vê. Elas podem ser "santas e irrepreensíveis em sua presença", "criação de Deus realizada em Cristo Jesus... adotados como filhos". É essa a essência da boa nova.

No princípio de minha nova vida, eu me perguntava se entregar-me a Deus não faria de mim uma pessoa covarde e derrotada. A verdade é que essa entrega mostrou-se libertadora. Não tenho de passar a vida representando, exercitando meus músculos na frente das pessoas. Minha atenção começou agora a se concentrar na tentativa de mostrar Deus através da minha vida. A Bíblia diz que podemos ser como espelhos, refletindo a glória de Deus. Às vezes me sinto como um espelho terrivelmente sujo e manchado, e me pergunto se as pessoas podem enxergar Deus em mim. Ainda assim, a despeito de como me sinto, esse milagre tem ocorrido. Não preciso mais me auto-afirmar. Deus me provou, e aceitou, e amou. Posso viver para sempre no amor de Deus.

Como me tornei um vencedor

John Naber, com Patricia Herbener

■

Nos jogos olímpicos de Montreal em 1976, algumas faces novas emergiram. Faces que o mundo dos esportes não esquecerá tão cedo. Uma em particular se destaca, o riso grande e largo decorado por um farto bigode, feições amigáveis, a cabeça coberta por um ridículo boné de meia vermelho, branco e azul. O rosto pertence a John Naber, detentor de nada mais nada menos que quatro medalhas de ouro e uma de prata por seu fantástico desempenho nas Olimpíadas. Como atleta olímpico, John vivia e respirava competição.

Lembro-me de certa competição quando tentei novamente superar o recorde mundial. Em posição de largada na extremidade da piscina, eu esperava pelo tiro de partida. Antes de ouvir o tiro meus nervos o sentiram e meu corpo explodiu, lançando-me como um torpedo na corrida. Parti com tudo, me retorcendo, revirando, deslizando na água. A prova acabou rapidamente. Ao tocar a ponta da piscina e ouvir a vibração do público eu sabia que havia vencido. Virei-me para olhar o relógio. Meu tempo não havia sido bom o suficiente: eu havia perdido minha corrida pessoal contra o relógio.

Consegui dar um sorriso tímido e acenei para as arquibancadas antes de sair da água. Eu havia vencido a prova: deveria estar orgulhoso — mas por dentro me senti tão mal quanto se houvesse chegado na última posição.

Enquanto me vestia e tomava o rumo de casa, eu podia sentir a tensão se fechando dentro de mim como uma mola de aço. Eu já havia me sentido assim antes. A intensidade consumidora da competição colocava tanta pressão sobre mim que eu havia perdido quase seis quilos em um dos dias de competição, e meu rosto estava coberto de espinhas.

Caminhei vagarosamente para casa, meditando na situação. O que havia dado errado? Desviando-me de amigos que queriam parar e conversar, pensei na nota C que havia tirado na prova trimestral. Será que eu havia de fato dado o melhor de mim?

E aquela recusa ao convite para sair no sábado à noite? Atletas não deveriam ter problemas para arrumar garotas com quem sair.

Logo eu estava sentindo pena de mim mesmo. *De que adianta?*, pensei. *Pra que tanta dedicação, levantar às 6 da manhã para me exercitar quando todos ainda estão dormindo? Por que dar o máximo até os músculos e pulmões gritarem de dor e cansaço, pra depois não alcançar meus tempos esperados? Por que não esquecer a coisa toda?*

Quando cheguei, sentia-me tão miserável que queria gritar. Joguei-me na cama de meu quarto vazio e escuro. As frustrações subiram como uma inundação dentro de mim, e as lágrimas brotaram.

Enxuguei-as com as costas da mão e apanhei meu violão. Enquanto dedilhava uma canção melancólica, meus pensamentos voltaram-se vagarosamente para Deus.

Eu estava estabelecendo alvos e dando o melhor de mim para alcançá-los, o que era bom. Mas estava negligenciando a entrega dos resultados para Deus, deixando que ele cuidasse do resto.

Eu naturalmente sabia que não era por ser cristão que teria automaticamente todas as respostas para os problemas da vida. Mas eu tinha Cristo para me ajudar. A mola da tensão começou a ceder; eu sabia que ele me ajudaria agora, se eu pedisse. Comecei a orar, entregando-lhe todas as pressões e frustrações. Eu queria que ele fosse glorificado, e não John Naber.

Ao final da oração, eu havia decidido que, se me qualificasse para as Olimpíadas, nadaria não pela medalha de ouro, mas para dar o melhor de mim. Eu sabia que não precisava provar nada a ninguém nem dizer: "olhem pra mim, eu sou o melhor!" Eu tinha confiança suficiente em mim e em meu talento de nadar para saber que Jesus me amaria, não importava quais fossem os resultados — vitória, derrota ou empate. A pressão começou a se dissipar. Não importava o que acontecesse nos próximos meses: se eu somente desse o melhor de mim e deixasse Deus cuidar do resto, seria um vencedor.

Acontece apenas que fui bem-sucedido numa área de atividade que pode ser avaliada em termos dos *melhores* — essa é a essência dos esportes. Pode não haver uma maneira de avaliar o melhor estudante, o melhor filho ou filha, o melhor empresário ou pai. Mas, se a cada dia você se esforça para melhorar em tudo o que faz, você é vencedor.

■

Um sentimento COMO DE DOR

Tim Stafford

■ **Culpa:**
Deixe Deus, e não a sua consciência, ser o guia.

Kathy cresceu numa igreja onde aprendeu que Deus a vigiava como um falcão do céu, contabilizando seus pecados. Você podia ver, pelo modo como ela andava e como seus olhos nunca encaravam os de outra pessoa, que ela tinha vergonha de estar viva.

Até que, por fim, ela compreendeu que Jesus estava disposto a recebê-la como ela era, a amá-la e curá-la de toda a culpa. Por um tempo ela andou como se estivesse calçando tênis novos: tudo parecia mais leve, mais feliz e mais livre.

Estranhamente, essa sensação passou. Seu entusiasmo por ter sido aceita se desfez. Muitos dos padrões de comportamento que ela esperava fossem mudados por Deus permaneceram os mesmos. Ela ainda fazia coisas que sabia não serem do agrado de Deus, e mais uma vez começou a sentir-se culpada.

O fato de ir a uma igreja onde a culpa era regularmente enfatizada não ajudava. Quando lia um capítulo na Bíblia que os outros achavam encorajador, ele o via como um texto em que cada palavra apontava para seus fracassos. Uma simples menção do pecado era suficiente para gerar uma semana de ataques de culpa. Ela era sensível por natureza, e, depois que o alívio inicial da culpa passou, seu cristianismo parecia torná-la ainda mais culpada, e não menos.

Um psicólogo não-cristão, concluindo que a maioria de seus problemas estava relacionada a sua fé, tentou "curá-la" disso.

Ele não acreditava em coisas como a culpa. Pensava que a melhor coisa para todo o mundo era "sentir-se bem consigo mesmo". Para Kathy, ele estava realmente certo num ponto: a culpa a paralisava, a impedia de servir a outros. Ela começou a questionar até mesmo a veracidade de ser cristã.

Era difícil discutir com Kathy sobre sua culpa. Para os amigos cristãos, os pecados que a incomodavam não pareciam muito grandes. Eles por certo tinham problemas maiores cuja culpa não os paralisava. Na verdade, quando conversavam com ela, *eles* sentiam-se desconfortáveis: talvez devessem sentir-se tão culpados quanto ela! Eles não sabiam como ajudá-la. A única coisa que podiam fazer era ouvi-la enquanto expunha abertamente seus sentimentos de culpa.

Kathy é por certo um caso extremo, mas de modo algum isolado. Muitos de nós passamos por fases na vida quando nos sentimos terrivelmente culpados. Muitos psicólogos mencionariam a culpa como um dos principais problemas de seus clientes psicóticos. Por que então o cristianismo, que promete perdoar e curar a culpa, parece às vezes produzir ainda mais culpa? Esse é um fato particularmente verdadeiro para um cristão relativamente novo. Ele vive uma montanha russa emocional por algum tempo, e a culpa é a maior força que o puxa para baixo. Haverá algo capaz de curar a culpa?

O instrumento que lhe aponta a culpa normalmente chamado de consciência. Ela se comunica por meio de suas emoções e o adverte quando há um problema em sua vida.

A consciência é bem parecida com o sistema de sensibilidade à dor de seu corpo, só que menos confiável. Quando se corta o dedo, o corte e o dedo pingando sangue são um fato irrefutável. Qualquer pessoa pode ver que ele precisa de cuidado. Mas a dor que vem com o corte torna essa atenção urgente. Isto pode ser muito irritante se você estiver fazendo algo que quer fazer, como aprender um novo movimento em sua prancha de *skate*. Você preferiria deixar de lado o cuidado com o corte. Mas a dor não permitirá que você o faça.

Sua consciência é feita para responder do mesmo modo ao pecado. Se algo está obviamente errado em sua vida, você tem de lidar com isto. Sentimentos de culpa o forçam a voltar a atenção para o ponto específico da ferida, levando-o a largar tudo o mais até que lide com ele. É a maneira de Deus de fazê-lo sentir-se como ele em relação ao pecado.

Mas eis que surge um problema enorme: sua consciência não é confiável. Seu sistema de sensibilidade à dor é bem confiável: se você sente dor, há quase sempre um ferimento relacionado a ela. No entanto, dores imaginárias existem. Pessoas que sofreram algum tipo de amputação às vezes sentem uma dor terrível no membro amputado e que não existe mais.

Este tipo de engano ocorre muito mais freqüentemente com sua consciência. Uma pessoa sente dor com relação ao sexo antes do casamento, outra não sente. Uma pessoa sente culpa porque roubou alguma coisa no supermercado, outra não sente. Uma pessoa se sente culpada por ter ido dançar, enquanto outra não iria sequer pensar sobre isso. A explicação é simples: foi Deus quem fez seu sistema de sensibilidade à dor, mas a consciência é, em grande parte, feita pelo homem. Temos a tendência de pensar que a consciência é a voz de Deus, mas na verdade ela é mais a voz de nossos pais e da nossa sociedade, e da experiência acumulada com o passar dos anos.

Há uma tribo primitiva onde todos os homens são criados para ter relações homossexuais. Há uma tribo que considera bom trair um amigo. Há outra em que a mentira é considerada virtude. Todos os homens, como mencionou Paulo em Romanos 1, *sabem* basicamente a diferença entre certo e errado. Mas não necessariamente *sentem* a diferença entre certo e errado.

Em outras palavras, a verdadeira culpa não é o mesmo que o sentimento de culpa. Algumas pessoas que, como Kathy, são profundamente incomodadas por sentimentos de culpa estão contaminadas por uma falsa culpa. Sua consciência é extremamente sensível, não afinada com a realidade do ensino de Deus na Bíblia. É preciso perguntar a Kathy: "Essa culpa é verdadeira ou falsa?" Na maioria das vezes, as pessoas que têm uma auto-imagem negativa usam a culpa falsa ou inventada como meio de punição.

Um bom indicador de falsa culpa está na grande dificuldade de determiná-la com precisão. A falsa culpa normalmente surge em resposta a "abstrações", a sentimentos e tentações. Ela raramente tem origem em uma ação específica e mutável. Se tiver, trata-se não raro de uma ação moralmente incerta. Tenho observado que pessoas com culpa crônica quase não se apegam ao que a Bíblia condena claramente ou ao que é possível mudar. Isto me faz pensar que a falsa culpa é, na maioria das vezes, uma tentação enviada por Satanás com o objetivo de nos desviar do maravilhoso sentimento de perdão que Deus quer que tenhamos e dos verdadeiros problemas que Deus quer que mudemos. A falsa culpa precisa ser encarada exatamente como ela é. Se você experimenta a falsa culpa, não ore a Deus (pela centésima vez) para que o perdoe. Em vez disso, peça-lhe que o ajude a deixar para trás esse tipo de sentimento e a levar a vida adiante.

Na verdade, é isso que 1João 3:18-20 sugere: "Filhinhos, não amemos de palavra nem de boca, mas em ação e em verdade. Assim saberemos que somos da verdade; *e tranqüilizaremos o nosso coração diante dele quando o nosso coração nos condenar. Porque Deus é maior do que o nosso coração e sabe todas as coisas*" (NVI, grifos o autor). Em vez de ficar paralisados pela culpa, devemos ser movidos pelo amor ativo. Não há nada mais tranqüilizador do que a segurança da realidade do amor de Deus em nossa vida.

Você pode ajustar sua consciência à realidade — embora leve tempo — confrontando a falsa culpa e tentando absorver os padrões bíblicos divinos de certo e errado. Uma consciência boa e correta é, basicamente, um atalho. Ela o ajuda a fazer o que é necessário sem ter de refletir em sua ação. Em certo sentido, a consciência é um piloto automático. Sem nenhum pensamento consciente, ela o guiará em meio a milhões de escolhas todos os dias. Você não tem de pensar em pagar pela camisa que pegou na loja. Você não tem de ponderar se aceita o que seu pai disse sobre chegar na hora. Não tem de se perguntar se vai colar toda vez que fizer uma prova. Sua consciência o poupa de problemas. Ela permite que se concentre em escolhas mais difíceis.

Mas sua consciência não é um guia infalível. Ela não é a voz de Deus. É uma resposta emocional que Deus construiu em seu cérebro. Se você afiná-la de maneira apropriada, ela poderá ser um instrumento útil que o inspira a fazer o que é certo. Sem estar afinada, ela pode paralisá-lo ou desviá-lo do que é realmente importante aos olhos de Deus.

Até aqui temos considerado o que chamo de falsa culpa. E se a culpa for real? O que você faz? Posso pensar em três possíveis reações.

Uma é punir-se. "Devo ser uma pessoa terrível. Oh! Sou culpado! Quanto Deus deve se entristecer comigo!" Se pensar na analogia da dor, seria como uma pessoa que, ao cortar o dedo, senta no meio da rua e começa a berrar, gritando sem parar quanto dói. Crianças pequenas fazem isso, mas adultos não deveriam fazer. Não é uma boa maneira de responder à dor ou aos sentimentos de culpa.

Outra reação é negar que a culpa existe. "A culpa é um impulso neurótico. Ela enfraquece e reprime muitas pessoas maravilhosas e as impede de desfrutar a vida. Portanto, nunca vou me permitir sentir culpa." Trata-se de alguém que decide ignorar a dor por completo: "A dor é fraqueza. Somente as pessoas fracas sentem dor. Eu sou forte, forte demais para isso". O ato machista de ignorar a dor torna a pessoa totalmente insensível. Ignorar a culpa também a tornará insensível, e na maioria das vezes acabará infligindo-lhe uma culpa (verdadeira), sinta-a ou não.

Uma terceira reação é tentar descobrir o que o faz sentir-se culpado e o que o levou ao erro. Essa é a maneira correta de lidar com a dor. Na verdade, a razão de ser da dor é capturar sua atenção.

Encontrar a fonte da culpa pode doer. Mas a longo prazo é o que a consciência sã deve fazer: levá-lo a prestar atenção em suas feridas e curá-las.

Como estudante de segundo ano na faculdade, passei por uma das piores depressões de minha vida (é interessante que nem sempre sei quando estou me sentindo culpado, apenas sei que estou me sentindo deprimido). Depois de alguns dias de verdadeira escuridão, quando repetidamente clamei a Deus por ajuda e parecia não haver resposta, ocorreu-me que eu poderia estar fazendo algo errado. Havia alguma coisa em minha vida que eu sabia muito bem que estava errada mas havia ignorado?

Havia. Eu estava ressentido com um pastor de uma igreja próxima. Não havia razão para meu rancor: eu simplesmente não gostava do jeito dele. E eu por certo não conseguia ver nenhuma conexão entre aquele rancor e a depressão que eu estava vivendo. Mas decidi que faria alguma coisa a respeito. Naquela semana fui, meio a contra gosto, a um estudo bíblico que aquele pastor estava dirigindo. Decidi que persistiria, quer quisesse quer não, e aprenderia a amar aquele homem. Minha depressão desapareceu. Creio até hoje que ao menos parte dela foi causada pela culpa, a culpa de sustentar um rancor, de estar desligado de outro cristão.

Não quero dizer com isso que alguém deva fazer um auto-exame para encontrar rancores. Isto não seria saudável. Eu diria que, se Deus não lhe mostrar rapidamente algo que você possa mudar, sua introspecção deveria parar aí. Todos podemos encontrar pecados suficientes se estivermos dispostos a procurar com a diligência necessária, e alguns de nós podem até mesmo inventar pecados que não existem. Não faça isso. Apenas pergunte: há alguma coisa que Deus quer que eu faça, algo que eu esteja ignorando? É isso mesmo que Deus quer para mim? Trata-se de algo com que outro cristão concordaria? Se for assim, faça. Não faça orações longas e chorosas por perdão. Mude seu comportamento.

Mas você também necessita de cura. Quando cair, talvez decida não correr mais tão descuidadamente, mas ainda terá um joelho esfolado para tratar. A culpa também precisa de remédio: o remédio do perdão e do cuidado de Deus. Mais uma vez, 1João ajuda: "Se confessarmos os nossos pecados, ele é fiel e justo para nos perdoar os pecados e nos purificar de toda injustiça" (1:9). Não façamos disso um assunto grande nem complexo demais. É simples como parece. A única exigência é a sinceridade da confissão: "Deus, reconheço que estava errado e o Senhor, certo. Meti os pés pelas mãos, e me arrependo. Por favor, me perdoe e endireite meu caminho". Isso é *tudo*. E João deixa claro que, depois dessa confissão, Deus o purificará de *todo* o pecado. Ele não o purifica em 80% ou começa um longo processo que pode levar anos. Ali mesmo, no ato, ele o purifica.

Percebo uma discrepância interessante entre como a Bíblia e a maioria das pessoas religiosas lida com a culpa. Estamos preocupados com todas as nuanças da culpa. Pregadores por vezes nos exortam a buscá-la no coração. Devemos encontrá-la, confessá-la e então continuar procurando por mais. Algumas pessoas, mais desafortunadas, são torturadas por muitas culpas; outras, afortunadas, sentem muito pouca culpa. Quem dera as primeiras pudessem se tornar mais como as últimas. A boa notícia é que elas podem! Se trabalharem nisso tempo suficiente, essas pessoas poderão produzir uma auto-imagem positiva, uma profunda segurança emocional no fato de que Deus as ama. E, naturalmente, também poderão tornar-se pessoas melhores, tendo menos motivos para sentir culpa.

Por mais verdadeiro que isso seja, não é o quadro completo que a Bíblia pinta. Nela você não encontra o princípio da somatória de colunas de culpa a fim de constatar o progresso que alcançou. É simples: todos pecaram e se afastaram daquilo que Deus quer que sejam. O perdão chega então como uma bomba. Você era 100% culpado e de repente é 100% inocente. Perdão pleno e total está disponível para todos que quiserem. Penso ser importante manter este Grande Quadro vívido na mente.

O quadro pequeno representa nossos avanços lentos e individuais. O Grande Quadro é o avanço impressionante que

Deus oferece a todos nós em seu Filho Jesus Cristo. Penso que é apenas isso o que alguém como Kathy precisa ouvir, constantemente, até que entenda.

Uma velha história resume essa mensagem melhor que qualquer outra que conheço. Ela fala de um homem que se envolveu em um padrão de comportamento pecaminoso a ponto de não mais se importar com suas conseqüências. Quantas vezes ele confessou esse pecado desprezível a Deus, prometendo que nunca mais o repetiria? E agora, lá está ele novamente, confessando a mesma coisa:

— Senhor, estou morrendo de vergonha. Tenho feito essa mesma coisa vez após outra. Eu a confesso a ti e prometo que nunca mais farei isso de novo. Por favor, me perdoe.

Do céu chegam as seguintes palavras:

— Eu o perdôo. Tudo está esquecido. Você está purificado para começar de novo.

O homem sente-se maravilhosamente livre. Deus o perdoou. O que mais ele pode pedir? Durante toda a tarde ele celebra a crença de que nunca mais reincidirá nesse pecado. E então, naquela mesma noite, a tentação acontece e ele fracassa.

Bem, ele mal consegue orar. Não foi naquela manhã mesma que ele prometeu fervorosamente que não pecaria daquele modo outra vez? Ele quase decide não orar, por estar muito constrangido. Se ele ignorar o ocorrido, talvez Deus nem note. Mas sua consciência culpada o acusa, e ele finalmente começa a conversar com Deus.

— Deus, estou tão constrangido que mal posso falar contigo. Fiz aquilo de novo.

— Fez o quê?

— Aquele pecado. Conversamos sobre ele hoje de manhã.

— Engraçado. Não me lembro de pecado nenhum.

Cedendo

Nome da autora omitido

▪

Nós todos o chamávamos de Pequeno, embora ele fosse um atleta alto e musculoso. Mas era delicado comigo, mais delicado que qualquer outro rapaz com quem eu havia namorado.

No primeiro mês nos demos muito bem. Pequeno mal me tocava. Mas depois de um tempo ele começou a ficar mais ousado. Conversávamos menos. Ele começou a me apalpar, desabotoando minha roupa. Se eu o afastasse só um pouco ou tentasse iniciar uma conversa, ele agia como se tivesse sido ferido. Ele sentava, dobrava os joelhos na altura do rosto e mantinha os olhos fitos na praia. O retorno para casa era silencioso.

Eu me sentia como se estivesse sendo puxada para direções opostas. Na escola Pequeno era maravilhosamente gentil. Na classe ele agia em minha defesa. Incentivava-me, sempre elogiando meu visual e me consolando se tirava notas ruins. No entanto, havia essa questão: eu não queria dar-lhe meu corpo. A tensão era angustiante. De algum modo, Pequeno me fazia sentir culpada, como se eu fosse responsável por sua dor.

Finalmente, depois de vários rompimentos e reconciliações, eu cedi. Foi em nosso local de encontros usual, um canto retirado da praia, ao lado de uma baía rasa.

Não posso descrever a culpa que senti. Mesmo agora, quando me lembro, tenho arrepios. Por que tanta culpa? Não sei. Outras amigas minhas aprontaram o tempo todo e acharam ótimo. Mas eu fiquei tão arrasada que viajei para a fazenda de meu tio na Pensilvânia só para me afastar.

Quando voltei para casa decidi dizer a Pequeno que estava tudo terminado entre nós, que não poderíamos nos ver de novo. Tentei me aproximar dele no corredor várias vezes, mas ele me evitava. No segundo dia depois de ter voltado, encontrei este bilhete enfiado no vão do meu armário: "Foi bom conhecer você. Que pena que não deu certo. Pequeno".

Alguns dias depois, ouvi uma fofoca horrível, que Pequeno havia começado a namorar comigo como parte de um desafio. Amigas me contaram que alguns rapazes na escola, conhecendo minha reputação de menina séria, desafiaram-no a me namorar para ver se ele conseguia "me possuir". Não sei se isso é verdade — é difícil acreditar que seja —, mas certamente contribuiu para que eu me sentisse usada e descartada.

Daquele momento em diante passei a sentir náuseas sempre que via um dos atletas da escola. A memória do que vivi me perseguia onde quer que fosse; não podia me livrar dela. Estava convencida de que sempre que qualquer um deles me via, só pensava no que havia ocorrido comigo. Às vezes na sala de aula eu me virava rapidamente e surpreendia Pequeno olhando para mim, e meu corpo ficava paralisado. Eu sabia que ele estava se lembrando dele e do jogo que havia conseguido jogar comigo.

Tornei-me uma pessoa tensa. Se um rapaz se aproximava no corredor ou na sala de aula, eu me afastava. Se alguém me convidava para sair, eu inventava uma desculpa esfarrapada para recusar o convite. Eu nunca saía.

Já desesperada, marquei um horário com o diretor do ministério *Campus Life*. Eu tinha de confiar em alguém. Emocionalmente não me via em condições de conversar com minha mãe ou com qualquer uma de minhas amigas. E precisava desesperadamente de algum alívio para a minha culpa.

O diretor do ministério foi extremamente gentil. Sua resposta me deixou chocada.

— Tricia — ele disse —, antes de tornar-se cristã, você tinha motivos para sentir-se culpada. Você estava aquém do que Deus exige e sabia disso, embora conhecesse pouco sobre ele. Mas a coisa maravilhosamente libertadora de se tornar cristão é que sua culpa pode ser dissipada. Você já aceitou a Cristo. Ele morreu para lavá-la de toda a culpa.

Parei de chorar e olhei para cima, bem nos olhos dele. Aquela era uma idéia nova para mim. Antes eu via os cristãos como aqueles que ostentavam todas as regras sobre a culpa. Mas o que ele estava dizendo fazia sentido: todos nós nos sentimos culpados, mas a culpa dos cristãos pode ser, para usar as palavras dele, esmagada, apagada e esquecida.

— Eis minha sugestão — ele continuou. — Sempre que essas lembranças voltarem, não peça perdão a Deus. Simplesmente abaixe a cabeça e diga: "Obrigada, Senhor, por me perdoares".

Ele em seguida leu um versículo para mim: "Se confessarmos os nossos pecados, ele é fiel e justo para nos perdoar os pecados e nos purificar de toda injustiça" (1Jo 1:9).

— Se você negar isso — ele disse —, não estará confiando em Deus.

Esse versículo da Bíblia está agora escrito em meu quadro de avisos em casa, dentro de meu armário, em meu caderno e colado no vidro de meu carro.

Tive essa conversa há um mês. As lembranças voltaram, mas sempre me voltei para Deus e agradeci-lhe por me perdoar e por tornar-me pura a seus olhos. E funciona: a culpa desapareceu. Louvado seja Deus.

■

O ÍMÃ

Philip Yancey

■ **Solidão:**
Será um truque sinistro
para manter-nos fixados na
autopiedade?

Insinua-se em nós essa terrível doença da solidão. Quando nos tornamos cristãos, ligando-nos a um grupo de pessoas que supostamente se interessa por nós e a Deus, que está sempre conosco, imaginamos que a solidão vai permanecer distante. Mas não permanece. Ela serpenteia dentro de nós, enchendo-nos de dúvidas. *Será que tenho valor de fato? Por que Jesus não resolve meus problemas de solidão? Por que alguém não se desvia de seu caminho para vir me ver, para conversar comigo?*

Solidão não é a mesma coisa que estar sozinho. Eu sei disso, porque a solidão me apanha de maneira mais aguda quando estou no meio de uma multidão. Ali, cercado por pessoas sorridentes e seguras, sinto-me estranho e desorientado. Fico com medo de que qualquer coisa que eu diga seja ignorada, ou pior, de ser interrompido por alguém com uma personalidade mais fascinante e atraente. Então me fecho e me dirijo para os cantos da sala.

Tenho lido livros que classificam diferentes tipos de solidão, descrevem seus sintomas e oferecem sugestões práticas para combatê-las. Esses livros, porém, sempre parecem perder o foco. As descrições são muito clínicas, muito frias e científicas. Uma emoção tão forte e tão universal quanto a solidão não pode ser reduzida a sentenças inteligentes numa página. Ao contrário, quando penso em solidão, vejo imagens de meus amigos que foram solitários. Expressões de dor estão congeladas no rosto. Quando olho mais de perto, para além das lembranças exageradas, para a pessoa escondida dentro delas... vejo ali a mim mesmo.

Em cada uma delas estamos todos nós. Então, para falar de solidão, devo falar muito pessoal e especificamente de pessoas solitárias que conheci.

Heather: Solidão terminal

Alguns de nós conseguimos disfarçar a solidão com sorrisos plásticos e olhares intensos nos olhos de outros. Não é o caso de Heather. A solidão estava estampada em sua personalidade como um todo.

Ela teve muitas coisas contra si desde o começo. Por conta de uma infecção no couro cabeludo, o cabelo se desprendia em cachos quando ela o penteava. Quanto mais ela angustiadamente puxava, mais saía. Sua fisionomia não era das melhores. Conheci Heather por meio de seu irmão Mark, meu parceiro de tênis, que me contou que ela era capaz de ficar em frente ao espelho por trinta minutos, apenas olhando e se preocupando com o que via.

Heather foi reprovada na aula de oratória ao se recusar a falar diante da classe. Na maioria das outras aulas, sentava-se na última fileira e passava o tempo distraída, folheando revistas. Ela aparentava cansaço e palidez, e corriam rumores de que estava consumindo algum tipo de droga.

Tentei conversar com Heather depois de jogar tênis, quando nos sentamos na varanda de Mark bebendo chá gelado. Mas, sempre que eu fazia uma pergunta, ela respondia monossilabicamente com um "sim" ou um "não". Levar adiante uma conversa como essa era trabalho demais para mim.

Heather logo arrumou um emprego numa fábrica no turno da noite e eu raramente a via. Quando eu visitava Mark, Heather estava sempre em seu quarto, dormindo.

O caso de Heather é extremo, mas é na verdade apenas uma exacerbação do tipo mais comum de solidão. O grande conselheiro cristão Paul Tournier disse sobre si mesmo: "Quando criança, eu era terrivelmente retraído. Órfão ainda bem pequeno, recolhi-me em meu mundinho, muito embora fosse tratado com bondade. Meus devaneios e projetos secretos só me isolavam ainda mais dos outros... eu me sentia desvalorizado diante de quem quer que fosse, sentia que ninguém estava na verdade interessado em mim".

Tournier identifica com precisão a raiz dessa qualidade de solidão: uma auto-imagem negativa. No caso de Heather, os problemas eram a falta de habilidade para conversar e os temores sobre sua aparência física. Mesmo seu irmão Mark, amigável e de fácil relacionamento, talvez a fizesse sentir-se inferior. Outras razões para esse sentimento em alguém poderiam ser um pai ou uma mãe extremamente críticos, uma deficiência na fala, uma dificuldade nas relações amorosas. Em qualquer um dos casos, a pessoa começa a se perguntar: *o que há de errado comigo? Eu pareço não me enquadrar em nenhuma situação. Deve haver algo em mim de que as pessoas não gostam.* A reação natural é o isolamento, tornando a aproximação das pessoas ainda mais difícil.

A única cura para Heather ou para qualquer outra pessoa afligida pela solidão é afrouxar essas barreiras um pouco, abrir-se e correr alguns riscos com os outros. Quando estou solitário, tenho medo de mostrar ao outro como realmente sou, por medo de ser rejeitado. Penso que preciso exibir uma expressão confiante e ousada a fim de que as pessoas gostem de mim. Mas, na realidade, o oposto é que é verdadeiro: as pessoas gostam de ver alguém honesto e vulnerável. Se consigo reunir forças suficientes para conversar em um nível mais profundo com um amigo, ele quase sempre responderá com gratidão.

Eu quis ser amigo de Heather. Mas, porque ela não me permitiu saber o que se passava dentro dela — seus gostos, seus *hobbies*, seu trabalho, seus livros e filmes preferidos —, não pudemos sequer levar adiante uma conversa.

Enquanto escrevo, sinto pontadas de culpa, porque penso em todas as vezes em que não me abro para outras pessoas quando estou solitário. Correr riscos é difícil, especialmente quando se foi muito ferido por alguém... no entanto, esta ainda é a única resposta.

Paul Tournier descobriu por fim que havia somente uma fonte para a força que permitiria espaço para a honestidade e a franqueza: Deus. Quando o Filho de Deus, Jesus, esteve sobre a terra, ele se mostrou particularmente atraído por pessoas solitárias: cobradores de impostos como Mateus e Zaqueu, pescadores que passavam o dia em barcos, longe dos outros, uma mulher samaritana rejeitada pelo povo. Ele se aproximou de todas essas pessoas com respeito e lhes disse que elas poderiam encontrar sua inteireza se o seguissem e experimentassem o amor de Deus por elas. Deus tem o direito absoluto de nos dizer que somos dignos, porque ele nos concebeu antes de nascermos. Jesus provou quanto nos amou ao dar a vida por nós.

Tenho dificuldade de apanhar uma Bíblia e começar a lê-la quando estou me sentindo solitário. Prefiro me atolar em minha solidão. Mas sempre que leio a Bíblia, sou lembrado em todas as páginas de quanto Deus se importa comigo. Ele está lá, disposto a nos encontrar, se permitirmos. Ele pode ajudar de modo especial no tipo de solidão da Heather, que é fruto de uma auto-imagem deficiente.

O cristianismo me pede para fazer algo estranho. Normalmente gosto de alardear minhas qualidades para todos que me rodeiam, para impressioná-los. Escondo de maneira instintiva minhas fraquezas e falhas, de modo a manter as aparências para os outros. Jesus propunha o contrário. Devo aprender a humildade, pensando nas qualidades dos outros e não nas minhas. Devo compartilhar minhas fraquezas e meus temores com ele e com os outros. Se os acumulo, eles fermentarão dentro de mim até que acabem por me envenenar. Mas, se os libero, compartilhando livremente com outros, a cura estará à mão.

Ralph: Solidão imposta

Ralph não era uma pessoa previsivelmente solitária como Heather. Sua reputação de mente mais brilhante na área de ciências em nossa escola de ensino médio lhe granjeara o respeito de todos. Mas um incidente afetou profundamente a vida de Ralph, e não estou certo de que ele tenha se recuperado. Todos os estudantes foram obrigados a fazer um relatório oral de biologia. Enquanto a maioria de nós se perdia em explicações ininteligíveis sobre a fotossíntese e sobre como os pássaros sabem migrar, Ralph levou a tarefa a sério. Embora o relatório tivesse um limite máximo de quinze minutos, Ralph continuou por mais meia hora. Ele enchera o quadro com um labirinto incrível de equações, mostrando todas as mudanças químicas que ocorrem no estômago durante a digestão: "o ciclo do ácido tricarboxílico de Kreb", ele o chamou orgulhosamente. Quando Ralph ficava nervoso, sua cabeça balançava para frente e para trás como se o pescoço não fosse forte o suficiente para sustentá-la. Os dedos começaram a trabalhar mais rápido e sua caligrafia logo se desintegrou, transformando-se em um rabisco de algum idioma estrangeiro. A voz foi subindo de volume. Ele estava entusiasmado demais para notar que nenhum de nós estava interessado.

Quatro garotos, entre eles eu, jogávamos xadrez. Duas garotas estudavam para uma prova. Outros se encontravam em estágios diferentes de sonolência. Dois garotos no fundo jogavam uma bolinha de borracha um para o outro. A maior parte do restante zombava dos trejeitos estranhos de Ralph.

Até mesmo o professor estava ficando irritado com Ralph, por ter consumido todo o tempo da aula. Quanto mais desinteressados nos mostrávamos, mais Ralph tentava nos atrair. Finalmente, depois de quarenta e cinco minutos, o professor colocou um fim nesse delírio.

— Chega, Ralph — ele disse, categoricamente. — Acho que devemos mudar de assunto.

Na semana que se seguiu, Ralph exibia uma expressão de derrota e desalento. Ele encarou a repreensão como um grande fracasso pessoal, e nenhum de nós foi até ele dizer que valorizávamos seu esforço. Nós o evitávamos, ou zombávamos:

— Ei, Ralph, você deveria começar um programa de TV chamado Sr. Ciência... às três da manhã!

Observamos enquanto Ralph perdia o interesse pela biologia pelo resto do ano.

Quando reflito sobre o Ralph, que se tornou uma pessoa muita solitária depois daquele dia, penso que sua solidão era muito diferente da de outros. Havia duas coisas nela. A primeira, é claro, está relacionada com a sua inteligência acima da média e seu interesse em áreas que entediavam e confundiam a maioria. Muitas pessoas brilhantes experimentam algo semelhante. O psicólogo C. G. Jung, por exemplo, confessou: "Quando criança, eu me sentia sozinho, e ainda me sinto, porque sei coisas e devo fazer alusão a coisas sobre as quais os outros nada sabem, e na maioria dos casos não quer saber. A solidão não vem por não haver ninguém por perto, mas por não ser capaz de comunicar o que lhe parece importante, ou de sustentar certas opiniões que os outros acham inadmissíveis". Pessoas acima da média podem se tornar desajustadas.

Havia, no entanto, um aspecto adicional e cruel na solidão de Ralph: o papel que todos desempenhamos na sala de aula. Ralph não se encaixava em nossa imagem ideal de um estudante informal e desinteressado, de modo que conscientemente o excluímos. E uma vez que com seu brilhantismo ele havia arruinado a curva das notas médias da classe, ninguém teve pena dele. Impusemos-lhe nossos padrões.

Você pode observar os resultados desse tipo de solidão imposta em qualquer escola. Atletas são aceitos. Contadores de piadas também. Garotas bonitas são acolhidas. Porém garotas feias, pessoas tímidas, gordas, estabanadas — lutam todas uma batalha penosa na vida. Muitas dessas pessoas, como Ralph, têm uma grande contribuição a dar. Uma personalidade distante e intensa caracteriza cientistas e músicos. Nós, no entanto, reprimimos cruelmente essas tendências.

Meu próprio papel me incomoda. Por que ajudei no plano de exclusão do Ralph? Provavelmente porque há grupos onde não sou aceito, e vi nesse episódio uma chance de me vingar. Eu nunca havia compartilhado com ninguém na escola meu interesse em música erudita ou em colecionar borboletas por causa das reações que, sei, meus interesses suscitariam.

Para o cristão, não há lugar para este tipo de exclusão ou solidão imposta. Jesus veio para derrubar as barreiras entre as pessoas, entre povos e sexos, até mesmo entre tipos de personalidade. É óbvio que Deus ama a variedade: ele criou os animais diferentes, como a joaninha e o ornitorrinco, e deu às pessoas aparências e personalidades incrivelmente distintas. Essas diferenças, eu creio, nos foram dadas como teste. Temos maturidade para aceitar as pessoas simplesmente porque são criações de Deus?

A qualidade dos estranhos interesses de Ralph poderia ter sido a base para uma profunda amizade. C. S. Lewis destacou em seu livro *Os quatro amores* que as amizades giram em torno de um interesse comum que poucas pessoas compartilham. "Você enxerga a mesma verdade?", ele pergunta. Um de nós poderia ter gastado um tempo com Ralph para procurar por aquele vislumbre de atributos comuns que compartilhamos.

Ao contrário, optamos por ignorá-lo. Às vezes me pergunto se nosso egoísmo, ao impor a solidão sobre ele, não o teria afastado de uma carreira importante na pesquisa contra o câncer.

Sharon: Solidão agressiva

Sharon parecia uma pessoa que dificilmente receberia o rótulo de solitária, pois em geral estava junto de muita gente. Quando alguém contava uma piada, Sharon sempre dava a risada mais alta e longa. Ela passava a fofoca adiante com maior rapidez e expressava suas emoções com muita vitalidade.

Quando um filme de terror estava em exibição, Sharon falava por semanas sobre quão horrorizada havia ficado e de como tinha de correr da sala e ficar enjoada toda vez que ouvia aquela terrível trilha sonora no rádio.

Todos tinham uma história para contar sobre Sharon: A ocasião em que ela arrotou bem alto na biblioteca e foi colocada para fora pela srta. Trudeck. Ou a ocasião em que estavam dissecando uma rã na aula de biologia e Sharon ficou histérica e desmaiou. A ocasião em que ela foi mandada de volta para casa por trajar, na escola, uma camiseta de apoio à candidatura para presidente de uma atriz de filme pornô.

Era muito divertido fazer piadas a respeito de Sharon e provocá-la, mas ninguém a levava a sério. Ninguém na verdade a aceitava como amiga; ela estava sempre por perto, era uma mascote que executava obedientemente travessuras para nós... o urso dançante da escola. Ninguém suspeitava que Sharon era desesperadamente solitária. Nem imaginávamos que ela fosse perspicaz o suficiente para perceber que nossas brincadeiras com ela eram uma zombaria velada.

Nunca pensamos muito em Sharon, para dizer a verdade — até que ela foi embora. Uma garota insistiu que ela havia sido enviada a um lar de pessoas mentalmente perturbadas no Texas. Descobriu-se que ela fora criada em um lar com pais separados, e alguns diziam que ela fora para o Alabama a fim de viver com o pai. Alguém espalhou um boato maldoso de que ela havia tentado suicídio para chamar a atenção, mas a tentativa não funcionou e ela morrera.

Mesmo agora, não sei o que na verdade aconteceu a Sharon. Eu nunca a vira como alguém solitário até que ela foi embora. A partir de então essa passou a ser sua característica mais óbvia.

Conheci muitas pessoas que expressam sua solidão agressivamente, de modo que fica difícil reconhecê-la como solitária. Pessoas gordas que estão sempre brincando sobre o peso, contando piadas de gordo. Pessoas idosas que fazem comparações espalhafatosas entre suas cirurgias: "eu sofri mais que você!". Gente que fala sobre si mesma o tempo todo. Para mim, essas são as pessoas mais difíceis de amar. Quero condenar o que vejo externamente. Não quero dedicar tempo para olhar o interior e ver gente com tamanho medo da vida, que fala alto demais e veste seus temores como um letreiro de neon piscando: "preciso de atenção, preciso de atenção".

Um grande modelo de relacionamento com uma pessoa agressivamente solitária é o tratamento que Jesus concedeu a seu discípulo Pedro. Ele era grande e intempestivo. Sempre metia o nariz onde não era chamado, certificava-se de receber o elogio quando algo bom acontecia, e sempre tentava estar na berlinda em todas as conversas. Jesus, porém, sabia dizer que muitas das palavras de Pedro eram blefe. Ele repreendeu Pedro — às vezes com vigor — mais que a qualquer outro discípulo. Ele confrontava e corrigia seu discípulo quando ele dizia alguma coisa boba. Tenho me perguntado como teria sido se eu tivesse colocado Sharon de lado e dito a ela como suas palavras soavam. Eu me arrepio só de pensar nisto, porque posso visualizá-la explodindo em fúria. E, no entanto, era o que ela precisava: alguém que a levasse a sério o suficiente para ajudá-la a enxergar-se.

Embora corrigisse Pedro, Jesus também lhe dedicava tempo e atenção e escolhia-o para projetos especiais, como ir ao jardim do Getsêmani. E quando Pedro se saía bem, Jesus o elogiava.

No final, quando Jesus foi crucificado, Pedro, seu amigo mais sincero, sucumbiu. Inquirido sobre se conhecia o homem que outrora havia adorado como Deus, Pedro o amaldiçoou e o negou. Mas uma cena poderosa, registrada no último capítulo do Evangelho de João, mostra como Jesus transformou a solidão de Pedro. Os discípulos haviam abandonado seus sonhos de um reino e estavam de volta a seus antigos trabalhos, pescando no nevoeiro da manhã.

Jesus se aproximou, chamou-os até ele e serviu-lhes café da manhã na praia. A Pedro ele fez a mesma pergunta penetrante três vezes: "Pedro, você me ama?". Imagine a dor que Pedro sentiu quando forçado a olhar nos olhos daquele que havia traído. E, a cada vez que Pedro respondia "sim", Jesus dizia: "apascente minhas ovelhas".

Pedro entendeu a mensagem. Ele deveria parar de sentir pena de si mesmo e engajar-se na tarefa de doar-se a outras pessoas. Ele assim o fez e se tornou um dos cristãos mais eficazes da história. Ao forçá-lo a confrontar-se, Jesus havia preparado Pedro para curar sua solidão doando-se aos outros.

O exemplo de Pedro mostra, eu penso, que a solução para nosso anseio não é um mundo livre de pessoas solitárias, mas um mundo de pessoas que usam sua solidão para doar-se a outras pessoas. Todas as vezes que falhamos com Jesus, ele ainda pergunta: "Você me ama? Se me ama, empenhe-se na tarefa de prová-lo amando outras pessoas".

Roger: Solidão deliberada

A solidão de Roger era de um tipo totalmente diferente. Ele foi a primeira pessoa que conheci que escolheu a solidão. Aconteceu num verão, quando ele assumiu um trabalho voluntário em um acampamento para surdos, às margens do rio Wisconsin. Ninguém em todo o acampamento era capaz de ouvir; Roger aceitou o trabalho porque era amigo de uma garota surda no quarteirão de sua casa e havia aprendido um pouco de linguagem de sinais (Havia na sua rua uma placa CUIDADO: CRIANÇA SURDA, embora a garota tivesse dezenove anos).

Quando Roger voltou do acampamento de um mês, a expressão de seus olhos límpidos revelava que algo estava diferente. Ele parecia estar sempre pensando em outra coisa. Depois de alguma investigação descobri o que havia mudado nele.

— Eu era o único ali capaz de falar bem e de ouvir — Roger disse. — Era estranho: sempre que eu falava eles olhavam para os lábios, não para os olhos. Eu era o estranho naquele acampamento. Tudo era projetado para eles. Eles tinham filmes com legendas e sem som. E à noite eles tinham um coral de linguagem de sinais que cantava hinos fazendo movimentos em uníssono. Eles eram tão bons que você podia entender o sentido das canções, mesmo se não conhecesse a linguagem de sinais.

Roger descreveu o alívio daqueles meninos e meninas por estarem juntos, longe das pessoas normais que podiam ouvir e conversar. No acampamento ninguém os evitava porque eles gaguejavam ou soavam engraçados.

Roger disse:

— Na qualidade de pessoa mais anormal no acampamento, comecei facilmente a sentir quão solitárias essas pessoas devem ser em nosso mundo. Fazemos que se sintam deslocadas. Elas nunca se abrem para as pessoas como o fazem umas com as outras. Eu nunca havia sequer notado pessoas surdas antes.

Depois daquele verão, Roger passou a procurar pessoas pobres e tímidas, ou qualquer pessoa que se sentisse desprezada. Ele raramente aparecia em nossas festas: "Estou muito ocupado", ele dizia. E Roger não sorria mais com freqüência, ao menos para nós, seus antigos amigos. Um deles colocou a coisa bem cruelmente: "Se ele quer andar com os estranhos o tempo todo, que se torne um deles. Quem precisa dele?"

Perguntei ao Roger se ele sabia o que estava acontecendo. Será que ele percebia que estava se distanciando de seu antigo círculo de amigos? Ele me assegurou que sabia. Disse-me que era doloroso se afastar dessa maneira, mas que tinha de fazer algumas escolhas. Ele havia decidido gastar a vida com pessoas que precisavam dele.

A última notícia que ouvi dele foi que estava trabalhando num projeto de curto prazo na Guatemala, ajudando na reconstrução de uma comunidade devastada nas montanhas. Ele sabe muito pouco espanhol, e sei que deve estar solitário. Mas de algum modo ele ganhou a visão de que as necessidades de outras pessoas podem ter prioridade sobre as suas. Amigos que ele deixou para trás ainda se reúnem nos quintais para recordar os bons tempos, mas Roger nunca está com eles.

Eu por certo não chamaria Roger de desequilibrado ou de insatisfeito. Creio que Deus supre sua necessidade de companhia de maneiras mais profundas e completas que aquelas que normalmente conhecemos.

Às vezes, quando penso em amigos como Heather, Ralph, Roger e Sharon, anseio por um mundo sem solidão. Como seria se fôssemos todos autoconfiantes? Se não precisássemos que as pessoas sorrissem para nós e nos notassem?

E enquanto devaneio, chego invariavelmente a uma estranha conclusão: obrigado Deus, pela solidão.

A solidão não é o tipo de sentimento que normalmente evoca gratidão. Não há estatísticas exatas sobre ela (por exemplo, 3.475.212 pessoas nos Estados Unidos choraram até dormir a noite passada por causa de solidão), mas é seguro dizer que todos nós nos sentimos solitários em boa parte do tempo. Às vezes ela passa quando estamos realmente nos conectando com os amigos, quando somos amados, quando tudo vai bem na família. Mas a inquietação volta. Ela engole, deprime e corrói nossa auto-imagem.

Por que então sou grato pela solidão? Porque ela é a única coisa dentro de mim que me força a doar-me a outras pessoas.

Penso novamente em meus amigos Heather, Ralph e Sharon. Em seus casos, a solidão se espalhou para além do estágio comum; ela foi um câncer. Eles precisavam de mim. Eu enxerguei isso. No entanto, pensei: "Ah, devo ser uma pessoa melhor e mais auto-suficiente do que eles são. Não sou assim tão solitário: não preciso me rebaixar e desperdiçar meu tempo com gente rastejante que não agüenta a barra".

Se eu tão-somente tivesse sido honesto para com a minha própria solidão, poderia tê-los ajudado. Talvez tivesse sido sua cura, assim como Roger se tornou a cura para aqueles meninos e meninas surdos e solitários.

A solidão é um ímã, assim como o sexo. Mesmo depois que os cabelos rarearam, a saliência da barriga saiu para além do cinto e a figura glamorosa é uma memória indistinta, ainda assim o sexo atrai magneticamente marido e mulher para que amem um ao outro. E assim é com a solidão. Se deixarmos, ela pode ser um ímã que nos empurra em direção às pessoas, mesmo quando elas riem de nós, somos excluídos por um grupo ou apunhalados pelo sarcasmo.

Aprendi a não negar minha solidão fingindo que ela não existe. Ela é, eu acredito, parte normal da vida. Os evangelhos fornecem histórias que me fazem pensar que o próprio Jesus sentiu solidão. Ele foi mal compreendido e desprezado. Em doze ocasiões distintas ele saiu do meio de uma multidão de admiradores para um lugar silencioso e isolado. Mesmo com seus amigos mais próximos, discípulos que o seguiram em toda parte por anos e escutaram tudo o que ele disse, ele estava sozinho. Se você ler os relatos da última ceia, aquela ocasião carregada de emoção e que precedeu a morte de Jesus, é difícil não sentir sua profunda solidão. Ele sabia que ia morrer, e sabia também que um de seus discípulos o entregaria aos soldados naquela noite. Ao sair para orar, os discípulos que estavam com ele foram tão insensíveis que continuaram dormindo enquanto esperavam. Todos eles o desertaram quando ficou claro que seu mestre seria aprisionado e executado como um criminoso comum. Jesus encarou a morte sozinho.

Há uma tendência em cada um de nós de negar a solidão. Queremos viver a vida com independência, sem nos apoiar em outras pessoas. Mas um sentimento incômodo de solidão continua se interpondo em nosso caminho. Às vezes ele se torna tão forte que mal conseguimos pensar em qualquer outra coisa. Eu creio que Deus nos criou incompletos, não como um truque cruel para nos deixar sempre no limite da autopiedade, mas como uma oportunidade de nos voltarmos para os outros com necessidades semelhantes. Seu plano como um todo para nós envolve relacionamentos com os outros: doarmo-nos em amor ao mundo ao nosso redor. A solidão, essa dor aguda dentro de nós, nos impulsiona a doar-nos.

Qual seria a cura para Ralph, Sharon e Heather? Talvez eu ou qualquer um de meus amigos pudéssemos ter sido parte da cura. E qual seria a cura para minha solidão? Ironicamente, ela poderia ter sido tão simples quanto me doar para Ralph, Sharon e Heather. Roger descobriu que sua necessidade de companhia tornava-se menos intensa à medida que ele se dava aos outros.

Jesus resumiu a ética em uma declaração: "Faça aos outros o que gostaria que fizessem a você". Aplicada ao problema da solidão, ela poderia ser refeita: "Suponha que todos no mundo sejam tão solitários quanto você, e então aja para com eles como gostaria que eles agissem para com você".

Novos OLHOS

Philip Yancey

■ **Egoísmo:**
Estraga praticamente tudo,
incluindo a mim mesmo.

Como eu me amo? Deixe-me contar as maneiras. Começa com o zunido repentino de um despertador, esse processo diário de amar a mim mesmo. Eu cambaleio até o banheiro e, com as mãos unidas em forma de concha, jogo água no rosto, deixando que ela goteje por entre os dedos e se despeje, das bochechas, na pia.

Levo aproximadamente 35 minutos todos os dias para me preparar para o mundo, me barbeando, me arrumando e vestindo. Isto significa duzentas horas por ano gastas me aprontando para impressionar pessoas. Durante o dia, caminhando através dos salões, me pergunto se passei no teste. Minhas roupas estão combinando? As pessoas me notam? Será que me encaixo? Meu bronzeado é uniforme?

As pessoas me notam? Essa é a pergunta principal. Eu certamente me noto. É como se eu fosse a única pessoa que de fato importa. Para mim, os outros são pessoas-sombra que correm apressadamente através de vidas vagas, menos que reais.

Como eu me amo? Começo pensando sobre mim mesmo todos os momentos do dia. Sou irremediavelmente egoísta. Toda minha vida é uma coleção de cenas de cinema entrelaçadas comigo no centro de cada uma delas, desempenhando o papel principal.

O processo iniciou-se quando eu era bebê, tenho certeza. Naquele tempo, eu era verdadeiramente o centro da atenção de minha família. Meu nome foi escolhido e meu guarda-roupa selecionado enquanto eu ainda era uma massa de células se agarrando a um músculo minúsculo dentro de minha mãe. O anúncio do nascimento se espalhou, celebrando o grande evento. Por um tempo, todas minhas necessidades foram atendidas de acordo com as demandas. Se eu tinha fome ou sede, ou se ficasse sozinho, um grito agudo e penetrante suscitaria atenção instantânea. O mundo — meu mundo — verdadeiramente girava em torno de mim.

Tenho uma intuição de que não sou o único que teve problemas de adaptação a um mundo mais abrangente onde eu não sou mais o centro das atenções.

Não consigo parar de pensar em mim mesmo. Acontece até quando estou em grupo. Quando encontro alguém agradável e bem-sucedido que atrai as pessoas com sua boa aparência e seu estilo fluente, algo dentro de mim estala. Começo a me comparar com essa pessoa e, se ela for uma ameaça, eu a descarto, coloco-a de lado. *Quem ela pensa que é?*

Quando saio de uma festa, minhas memórias giram em torno de como me saí. Será que disse as coisas certas? Será que consegui não parecer tolo? E se passei a noite sendo o centro das atenções — quando as pessoas riram de minhas piadas — isso é considerado perfeitamente justo. Eu sou sempre o primeiro a cumprimentar-me por qualquer sucesso, como um prêmio ou um artigo vendido. Não há problema em ter o holofote sempre voltado para mim; não gosto que ninguém usurpe meu lugar.

Penso que mereço meus sucessos, embora normalmente consiga dar desculpas para os erros. Depois de ter dito algo grosseiro, perdido uma tacada fácil no tênis ou dado uma resposta fraca... embora por fora fique constrangido e com raiva, por dentro estou dando desculpas, racionalizando. *Fui colocado contra a parede... o sol me cegou... meus professores não têm senso de justiça.*

Nestas e em centenas de outras maneiras todos os dias sou confrontado com meu egoísmo. Alguns aspectos dele são naturais e saudáveis. Os psicólogos chamam de autoconsciência o fenômeno de estarmos constantemente conscientes de nós mesmos e de como nos enquadramos na vida.

Essa qualidade nos torna superiores aos outros animais, muitos dizem. Ela permite atividades como a escrita, na qual refletimos sobre o que pensamos e experimentamos.

No entanto, com o passar dos anos, o egoísmo tem adquirido má fama, e por uma boa razão. Todos nós já conhecemos uma pessoa que nunca cresceu. Como um bebê de 70 quilos, ele ainda espera que o mundo gire a seu redor. Ele não se encaixa em nenhum grupo porque sempre quer assistir ao seu filme preferido, jogar seu jogo predileto e conversar sobre assuntos de seu interesse — e os de mais ninguém.

Grupos inteiros de pessoas podem levar o egoísmo ao limite extremo. Os nazistas determinaram que sua raça tinha direito exclusivo à Alemanha. Recusando reconhecer o valor dos judeus, começaram a exterminá-los sistematicamente.

Quando Jesus veio à terra, o egoísmo foi um dos assuntos principais de suas conversas. Ele advertiu severamente contra ele, sempre fazendo seus seguidores se voltarem às necessidades dos outros, e não às próprias. “Os últimos serão os primeiros”, ele disse, “e os primeiros, os últimos”.

A grande descrição do amor feita pelo apóstolo Paulo exclui o egoísmo. "O amor é paciente, o amor é bondoso. Não inveja, não se vangloria, não se orgulha. Não maltrata, não procura seus interesses, não se ira facilmente, não guarda rancor. O amor não se alegra com a injustiça, mas se alegra com a verdade. Tudo sofre, tudo crê, tudo espera, tudo suporta" (1Co 13:4-7, NVI).

A despeito do que Jesus e Paulo disseram, ainda deparo com esse problema do egoísmo todos os dias. Isso ocorre porque sou a pessoa no mundo que mais me conhece, e sou a pessoa que mais se preocupa comigo mesmo. Sinto como se Deus houvesse colocado o ideal do altruísmo no topo de uma rampa muito íngreme, e eu estivesse de patins perto da base do declive. Tenho de usar muito bem os patins para apenas conseguir ficar onde estou. Qualquer progresso na direção do amor altruísta requer um esforço tremendo.

Para complicar ainda mais, muito do cristianismo pode soar egoísta: "Aceite a Deus e você será feliz", dizem os cristãos. "Ele suprirá suas necessidades." Os cristãos podem ostentar um ar repleto de satisfação própria.

Tentativas determinadas e dolorosas de dar cabo de meu egoísmo normalmente terminam em fracasso. Refletir sobre o egoísmo é como tentar dormir. Quanto mais esforço se faz pensando em dormir, mais difícil é relaxar e desligar. O ato de concentrar-me em mim mesmo, revendo todas as coisas egoístas que faço, é mais um modo de concentrar a atenção em mim.

No entanto, descobri uma dica útil, que me veio após uma revelação assustadora. Ocorreu-me: e se meu irmão, minha esposa, meus empregados... todos no mundo... amassem a si mesmos do modo como eu me amo? E se todos eles relevassem suas falhas e exaltassem suas qualidades como faço? Seria possível que eles se considerem tão importantes quanto eu me considero?

O pensamento me fez ver que eu nunca havia considerado, nem por um momento, como seria ser como eles. Eu havia estado muito empenhado em amar a mim mesmo para saltar o abismo e ver o mundo através dos olhos deles. As outras pessoas haviam sido coadjuvantes em meu filme. Mas e o filme delas, no qual eu represento um papel menor: como eu pareço nele?

Apanhei a lista telefônica e folheei as páginas com milhões de nomes abreviados. Como sempre, quando cheguei à letra "Y" e vi meu nome, ele saltou da folha como se estivesse escrito em vermelho. Como eu poderia visualizar aqueles milhões de moradores de Chicago com suas famílias, personalidades e nomes individuais? Cada um deles deve saltar aos olhos de seus proprietários como se estivessem escritos em vermelho. Isso foi insondável para mim.

Finalmente, as palavras de Jesus começaram a fazer sentido. O segundo maior mandamento, ele disse, é amar ao seu próximo como a si mesmo. Eu sei que Jesus não quis dizer que eu deveria amar a meu próximo tanto quanto eu amo a mim mesmo; isso é impossível, porque não consigo parar de pensar em mim mesmo. E sinto-me encorajado por Jesus não haver dito: "pare de amar a si mesmo de modo a poder amar ao seu próximo". Jesus compreendia a natureza humana. Sabia o que todas as pessoas pensam sobre si mesmas e suas necessidades.

O que Jesus quis dizer, eu penso, é que eu devo amar meu próximo *da mesma maneira* que eu amo a mim mesmo.

Eu sei como eu me amo. Essa é a principal preocupação de minha vida — meu primeiro pensamento de manhã, meu último à noite.

Jesus quer que eu pense nos outros. Quer que eu lhes elogie as qualidades tão sincera e entusiasticamente como me cumprimento por meus sucessos. Quer que eu seja tão tolerante, bondoso e perdoador com eles como sou comigo mesmo. Em resumo, ele quer que eu aja do modo como gostaria que as pessoas que me rodeiam agissem.

A idéia soou romântica até que comecei a pensar em algumas pessoas em particular ao meu redor. Uma garota precisava muito de ajuda. Seus pais estavam se divorciando, e havia uma grande questão sobre quem ficaria com ela. Ela estava mais de dez quilos acima do peso e não era muito bonita. Ela agia com amargura em todas as situações, de modo que os poucos amigos que costumava ter não a suportavam mais. Era muito deprimente estar perto dela.

Outra pessoa, um colega de trabalho, era ainda mais difícil de auxiliar porque era muito arrogante. Parecia precisar impressionar a todos com sua grandeza. Se você começasse a falar sobre seu trabalho ou seu carro, ele imediatamente interrompia dizendo: "Ah, sim, bem, o meu..."

Será que eu poderia amar essas pessoas como a mim mesmo?

Outra dica sobre como amar os outros veio de uma fonte inesperada: a peça *O homem de La Mancha*. Dom Quixote, o herói, é um idealista alto e esquelético, que cavalga pela Espanha montado em seu cavalo magro, agindo como um cavaleiro com trezentos anos de atraso.

Quixote, o maluco romântico, vê tesouros onde só há lixo. Ele observa Aldonza, uma ajudante de cozinha, servindo sopa a uma gangue de rufiões, de modo que se curva para beijar a sua mão áspera.

— Doce dama, bela virgem — ele murmura — eu te busquei, cantei para ti, sonhei contigo...

Achando que ele está zombando dela, Aldonza retruca, enfurecida:

— Meu nome é Aldonza, e eu não sou dama coisa nenhuma. Olhe, olhe para mim, a vagabunda que sou. Não sou ninguém! Não sou nada! Sou apenas Aldonza, a prostituta.

Obstinado e persistente, Quixote responde:

— Eu vejo beleza. Pureza. Agora e para sempre és Dulcinéia, a doce.

Pela vida a fora Quixote vagueia, crendo no melhor das pessoas, encorajando-as, impressionando-se com elas. Resumindo, um amigo chamado Padre diz: "Ele é o mais sábio maluco ou o mais maluco dos sábios do mundo". Mas em seu leito de morte uma longa fila de pessoas cuja vida ele havia tocado veio lhe prestar tributo. De um modo estranho e miraculoso ele os havia transformado em homens e mulheres diferentes. Acreditando neles, ele os havia ensinado a acreditar em si mesmos.

Quixote ilustra a realidade de que tudo o que digo e faço — até mesmo o modo como olho (ou não olho) para alguém — os amolda. Eu — sim, eu — tenho o poder de persuadir meus amigos/professores/irmãos/chefes a verem a beleza que têm em si mesmos. Ou posso ajudá-los a se tornarem feios, temerosos e tristes — porque cada dia eles estão se tornando um pouco mais aquilo que eu permito que saibam que eu penso que são.

C. S. Lewis colocou-o desse modo: "É coisa muito séria viver numa sociedade de deuses e deusas potenciais, lembrar que a pessoa mais estúpida e desinteressante com quem você conversa pode um dia ser uma criatura que, se você encontrasse agora, estaria fortemente tentado a adorar, ou um horror e uma corrupção que você hoje encontra somente num pesadelo. Durante todo o dia estamos, em algum grau, ajudando um ao outro a chegar a um ou outro destes destinos."

Meu próprio egoísmo, se deixo que me controle, vai garantir que eu ajude outras pessoas rumo ao destino inferior. Dom Quixote foi quase comicamente cego para a verdadeira identidade das pessoas, e Deus não me chama à cegueira. Ele somente pede que eu olhe além da miséria e da distorção das pessoas de modo a ser capaz de enxergar no fundo o que ele vê: um ser humano único, de valor eterno. Essa pessoa representou tanto para Cristo que ele morreu para transformá-la.

Só há um ponto a partir do qual posso ter a perspectiva de Deus. A partir do próprio Deus. Somente ele pode me dar amor altruísta a fim de olhar para um aparente ninguém e enxergar o potencial que ele deu àquela pessoa.

Há bilhões de pessoas no mundo. Como podem ser todas dignas e especiais para Deus? Só posso compreender isso quando me concentro em quanto amor e bondade Deus tem derramado sobre mim, um dentre os bilhões espalhados desde o Alasca e a Austrália.

Jesus demonstrou esse amor íntimo e pessoal ao juntar-se a nós sobre a terra. Paulo disse claramente: "Seja a atitude de vocês a mesma de Cristo Jesus, que, embora sendo Deus, não considerou que o ser igual a Deus era algo a que devia apegar-se; mas esvaziou-se a si mesmo, vindo a ser servo, tornando-se semelhante aos homens. E, sendo encontrado em forma humana, humilhou-se a si mesmo e foi obediente até a morte, e morte de cruz" (Fp 2:5-8, NVI).

Jesus viveu uma vida perfeita de amor altruísta. No Getsêmani, perto de morrer, ele sabia que era aparentemente uma troca ruim e dolorosa: sua vida pelo mundo. Ele valia mais que o mundo — quem poderia considerar o Criador menos valioso que o que ele fez? Sua dor e seu medo no Jardim mostraram que ele percebeu o que estava em jogo.

Mas ele lembrou que de algum modo sua morte era para as pessoas que ele amava, e confiou em Deus para fazer a troca.

Amar de maneira desprendida como Jesus amou não significa descartar minhas necessidades e meus desejos como se eles não existissem. Isso é impossível — estou sempre pensando em mim mesmo. Significa, ao contrário, colocar duas coisas acima de todas as demais em minha vida: as outras pessoas e Deus.

Não quer dizer que ao procurar por um amigo eu não leve em consideração minhas idéias sobre o tipo de personalidade que me agrada. Significa me importar com todas as pessoas que cruzam meu caminho, quer correspondam ou não a minha lista de características prediletas.

Não quer dizer nunca ter uma opinião sobre aonde seria divertido ir com os amigos. Significa prestar atenção ao que outras pessoas querem e precisam, de bom grado ir a lugares mais silenciosos com aqueles que são mais retraídos. Significa até ir a um culto que, de muitas maneiras, é feito para suprir as necessidades de pessoas mais velhas que eu.

Amor altruísta não significa anular-me. Significa valorizar o outro.

Quando olho para alguém, quero estar consciente de todas as dores e tensões que ele tem vivido quando as pessoas o rotulam e o ignoram na multidão. Há ternura e mistério guardados nele, apesar da aparente serenidade manifestada: o amor que sua mãe demonstrou por ele quando criança, os prêmios e o reconhecimento que recebeu na escola, os medos que esconde de todos no mundo.

Quando vejo uma pessoa, quero emprestar os olhos de Deus. Afinal, *eu também sou um você*, e quero que os que me vêem me vejam da mesma maneira.

Eu cuido muito bem de mim mesmo

Gary Sloan

▪

Eu cuido muito bem de mim, mas muito bem mesmo. Por exemplo, sempre que estou com fome, eu me dou de comer. Sempre que estou sujo, eu me dou banho. Escovo os dentes, limpo o rosto, lavo as roupas, lavo e penteio o cabelo, e quase nunca esqueço de limpar as unhas.

Sempre que me machuco, cuido de mim. Se for um corte, passo um *band-aid* em volta. Se for mais sério, procuro alguém que possa me ajudar. Quando estou doente, tomo todos os tipos de remédio.

Quando me sinto sozinho, passo normalmente o tempo com minha família ou meus amigos, ou com alguém que me compreenda.

Se estou com sede, normalmente bebo água, um refrigerante ou leite — qualquer coisa que mate a sede.

Quando acontece de eu estar com calor, visto-me com roupas leves, ligo o ventilador ou o ar-condicionado ou bebo algo gostoso e gelado. Se estiver com frio, ligo o aquecedor, me agasalho ou bebo algo quente.

Às vezes tenho perguntas. Apanho então um livro e encontro respostas. Ou então faço alguns cursos.

Sempre que estou de fato cansado, vou para a cama.

Na verdade, cuido muito bem de mim; em certo sentido, eu me amo.

Jesus disse: "Ame seu próximo como ama a si mesmo".

▪

Um aperto
NO PEITO

Tim Stafford

- **Raiva:**
  Um fósforo que pode acender uma lamparina ou dar início a um incêndio devastador numa floresta.

Eu sinto raiva. Isso não quer dizer que eu bata nas pessoas ou quebre coisas. Significa que em situações irritantes brota em mim um sentimento fervilhante e sufocante que me faz querer botar a boca no mundo. E, mesmo quando não perco o controle, ele me faz sentir mal. Às vezes tenho de deixar a coisa esfriar por um tempo até que passe a raiva.

Alguns cristãos (não eu) têm um rótulo para isso: pecado. Eles vão além: uma vez que Jesus levou nossos pecados, o cristão simplesmente não deveria sentir raiva. Assim, não é raro para um jovem cristão estar amarrado em muitos nós tentando não ficar com raiva quando de fato está. Você pode se tornar hipócrita, agindo calma e bondosamente por fora enquanto fervilha por dentro.

A Bíblia, no entanto, não chama de pecado os sentimentos de raiva. Na verdade, muitas narrativas bíblicas afirmam que Deus ficou com raiva, assim como seus seguidores. O problema com a raiva não é o ímpeto de sentimento que você tem quando algo ou alguém o incomoda, mas sua reação. O que você faz quando está sentindo raiva?

Tenho tentado pensar em quais situações despertam inevitavelmente esses sentimentos de raiva, e quais são as opções de resposta a eles. Relacionei três tipos de situações.

Eu estava na fila da cantina por cinco minutos. Demorou um tempão inacreditável para chegar ao balcão. Quando eu estava quase lá, de repente, George, o valentão da turma, colocou um cotovelo do meu lado e enfiou-se na minha frente.

— Você não se importa se eu furar a fila, importa? — ele disse, lançando sobre mim um olhar de amigo que ele não era.

Fiquei com raiva. Senti meu rosto ruborizar e tive uma enorme vontade de empurrá-lo de volta.

Esse é o tipo de situação que me deixa com raiva facilmente — quando alguém viola meus direitos. Revendo esse exemplo, noto uma coisa: muito antes de decidir como reagir, e quase antes de saber o que estava acontecendo, fiquei com raiva. Eu não conseguia me controlar e dizer para mim mesmo: "Esteja atento ou você vai ficar com raiva!". Meu corpo ficou com raiva antes que eu soubesse o que estava se passando — músculos tensos, pensamentos em ebulição e os sentimentos já estavam presentes. Não tive escolha senão ficar com raiva. Onde fiz uma escolha foi na resposta a ela. Será que as reações físicas devem controlar minha vida? Não. Tenho descoberto que posso escolher como responder ao corpo e lidar com meus sentimentos de raiva. Eis minhas opções:

Opção número 1: Bater, empurrar ou jogar de lado. Berrar e fazer disso um cavalo de batalha. Essa é uma opção ruim, uma vez que quase sempre machuca (dependendo, de certo modo, do tamanho do George), não pode ser interrompida depois iniciada e tende a fazer inimigos permanentes.

Opção número 2: Ignorar. Fingir que não senti nada. Uma alternativa um pouco melhor, mas note o seguinte: o sentimento de raiva não vai embora, só fica no porão. Às vezes dirijo a raiva contra mim mesmo: "Sou um covarde. Não tenho coragem". Quase sempre ela se volta sutilmente para outra pessoa. Acabo resmungando comigo mesmo ou com um amigo sobre a falta de inteligência de George. O desprezo não me faz parecer nobre e não ajuda em nada a situação. Ainda fico com aquele sentimento de raiva.

Opção número 3: A resposta branda. Se eu for engenhoso, posso pensar rápido o suficiente para vir com a coisa certa para dizer."A resposta calma desvia a fúria, mas a palavra ríspida desperta a ira" (Pv 15:1, NVI). Talvez possa fazer uma piada do incidente (mas não uma piada às custas do George — seria outra maneira de atingi-lo). Posso rir e dizer, por exemplo: "Sem problemas, passe à frente. Estou mesmo com medo do que eles estão servindo hoje". Ou pode apelar diretamente ao George: "Ei, cara, é só comida de cantina. Nada tão urgente assim". Há um grande espaço para criatividade, com um milhão de respostas potenciais que dão à situação uma importância menor sem ignorá-la. Um sorriso ajuda.

É claro que nem sempre é fácil. Às vezes as pessoas estão determinadas a serem detestáveis. São necessários ambos os lados para se terminar uma guerra. Às vezes terei de forçar um sorriso e agüentar a barra.

Eu estava escovando os dentes (um pouco atrasado — minha culpa) quando minha esposa me lembrou de novo que eu deveria ter recolhido o lixo da garagem. Não posso explicar por quê — talvez tenha sido o tom de sua voz, ou algo que pensei inconscientemente que ouvi — mas meus pêlos se arrepiaram. Tive vontade de cuspir uma resposta ferina... em vez disso, acabei saindo silenciosamente de casa.

Na fila da cantina eu fiquei com raiva porque George violou meus direitos. Mas dessa vez eles não foram violados. Minha raiva foi irracional. Ainda assim, os sentimentos estavam ali. O que fazer?

Opção número 1: Agredir minha esposa. Gritar com ela. Posso ceder ao impulso de dar aquela resposta, mas não é uma boa idéia. Vou me sentir culpado, sabendo que minha atitude não terá justificativa e estabelecerá uma tensão entre mim e ela que terá de ser resolvida mais cedo ou mais tarde.

Opção número 2: Sufocar meus sentimentos. Pode não ser má idéia — afinal, a raiva é problema meu e não dela. O problema é que o sentimento pode brotar novamente... e de novo e de novo. Logo não conseguirei escutar minha esposa sem sentir como se um serrote de dentes cegos estivesse cortando-me a espinha. Deve haver uma maneira melhor.

Opção número 3: Pensar bem. Verbalizar. Deus tem me dado muito o que pensar a respeito de como devo agir. "Livrem-se de toda amargura, indignação e ira, gritaria e calúnia, bem como de toda maldade. Sejam bondosos e compassivos uns para com os outros..." (Ef 4:31,32, NVI). Assim diz a Palavra de Deus. Se permito que esse padrão se instale em minha mente por algum tempo, me ajudará a melhorar minha atitude.

"Olhe, não sou preconceituoso. Tenho muitos latinos que trabalham para mim. Mas posso lhe dizer o seguinte: eles não sabem como trabalhar. Não dá para lhes pagar salários decentes porque eles não param no trabalho."

Meu primo disse isto quando estávamos em sua casa. Fiquei com muita raiva, porque ele fala desse jeito o tempo todo. "É claro que não sou preconceituoso, mas..." E ele ainda se intitula cristão!

Esse incidente difere dos outros dois: neste caso não estou com raiva por causa de meus direitos, mas pelo direito de outros. Estou com raiva por um motivo justificável. Alternativas para lidar com meus sentimentos:

Opção número 1: Levantar e gritar com meu primo. Pronunciar-me de modo farisaico contra o preconceito. Raramente uma resposta útil. Ela tende a tornar as conversas com meu primo muito mais difíceis. É meu objetivo fazer uma cena ou fazer que meu primo mude de idéia?

Opção número 2: Não digo nada. Finjo que não aconteceu. Escolha ruim. Meus sentimentos não se dissipam se eu simplesmente ignorá-los. Ainda estou com raiva de meu primo por dentro, e qualquer amizade que eu venha a ter com ele será cada vez mais superficial. Eu o desprezo e reclamo dele por trás. Ou talvez comece a ter raiva de mim mesmo por não ter coragem de confrontá-lo.

Opção número 3: Decido conversar com ele. Talvez agora não seja o momento, mas posso admitir para mim mesmo que estou com raiva e planejar conversar. Preciso que ele saiba que sentimentos seus comentários despertam em mim, preciso deixá-lo saber que eles machucam. Talvez possamos ter uma boa discussão sobre o que de fato significam suas palavras. Ou posso dizer:

"Sabe, eu costumava me sentir do mesmo modo até ler este livro. Ele realmente me fez mudar de idéia. Vou arrumar um para você".

Quando me torno seu aliado ao invés de adversário, tenho uma chance melhor de convencê-lo.

Há três coisas que descobri e com as quais devo ter cuidado. Esses princípios se aplicam a quase todas as situações que produzem raiva.

Não negue que está com raiva. Deus me deu emoções, e elas são boas se tratadas de maneira apropriada. Fingir que não sinto algo quando alguém me fere ou leva vantagem sobre mim é viver num mundo irreal e negar o que Deus deu. A

Bíblia diz: "Quando vocês ficarem irados, não pequem" (Ef 4:26, NVI), de modo que deve ser possível ficar com raiva sem se opor a Deus. Afinal, vemos ao longo da Bíblia que Deus se ira. Se com ele é certo, deve haver ocasiões e maneiras nas quais é certo comigo também.

As pessoas acabam tendo úlceras porque fingem que nada as está incomodando e acumulam seus sentimentos de raiva. Se admitir que estou com raiva, isso alivia a pressão. Posso então decidir o melhor a ser feito.

Leve um tempo para responder. Minha primeira reação quando alguém me agride é revidar. Isso não é sábio nem cristão. Tiago escreveu: "Meus amados irmãos, tenham isto em mente: Sejam todos prontos para ouvir, tardios para falar e tardios para irar-se" (1:19, NVI). Quanto mais tempo tenho para formular minha reação, mais sábia será essa resposta. O velho conselho de contar até dez antes de explodir não é ruim.

Não cultive a raiva. Às vezes demoro tanto para decidir como responder a meus sentimentos de raiva que acabo por não responder. Mas Paulo escreve: "Não se ponha o sol sobre a vossa ira" (Ef 4:26). Posso ficar dias sentindo um prazer doentio por estar com raiva de alguém, mas sinto-me muito melhor se lido com isso tudo no mesmo dia.

Cheguei à conclusão de que a raiva não deve ser ruim. Na verdade, pode ser boa. Muitas coisas não mudariam se alguém não perdesse a paciência com elas.

Mas a raiva é poderosa, facilmente mal manejada, capaz de produzir um grande mal e um grande bem. Como um palito de fósforo, a ira pode tanto acender uma lamparina quanto iniciar um incêndio devastador numa floresta. Minha vontade é quem a governa: a decisão de controlar meu corpo em vez de vê-lo me controlando. Deus me deu o controle sobre essa grande força.

Aprender a controlar — não negando a existência do sentimento, mas expressando-o de maneira criativa — demanda prática. Estabeleça como alvo neutralizar a situação e ajudar outras pessoas, em vez de defender seus direitos. Deus pode fazer de todos nós gente assim: em lugar de cristãos apáticos e fracos, com medo das próprias emoções, pessoas destemidas, cheias de amor pelos outros e de raiva contra a dor e a injustiça. Podemos ser pessoas que trazem a raiva sob controle.

Bom CONSELHO

Tim Stafford

■ **Obediência:**
Todos queremos oferecer conselhos — mas quem quer recebê-los?

Sou o tipo de pessoa que tem muitos bons conselhos para compartilhar com os outros. Eu teria muito prazer em aconselhá-lo sobre tudo, desde a melhor maneira de escovar os dentes, até se o filme que você gostou foi realmente bom.

Porém numa viagem de mochileiro a Sierra Nevada encontrei um problema. Três de meus companheiros eram tão conselheiros quanto eu. Tivemos uma semana surpreendentemente boa de caminhada, mas ela também incluiu muita disputa verbal. Se eu escolhia um ponto debaixo das árvores que seria um lugar maravilhoso para passarmos a noite, Greg rapidamente argumentava que ali não teríamos muito sol pela manhã, Harold observava que era longe da água, e Dave dizia que deveríamos caminhar mais alguns quilômetros antes de parar.

Depois de montarmos acampamento, cada um de nós parecia saber exatamente quanto de trabalho havia feito. Se Dave sugerisse que era a vez de Greg lavar os pratos, Greg rapidamente destacaria que já havia juntado madeira para a fogueira e acendido o fogo. Qualquer assunto que surgisse — onde acampar, o que cozinhar, que caminho seguir — suscitava várias opiniões diferentes e firmes. Eu não pensava muito sobre isso. É assim que as coisas funcionam quando você acampa com gente como eu. Nós amamos dar conselhos e odiamos recebê-los.

Mas depois de poucos dias de viagem, acampados ao lado de um pequeno lago azul coberto de gelo aos pés de uma alta montanha de granito, comecei a notar algo estranho em Mark. Ele não se enturmava. Enquanto o resto do grupo se aconselhava mutuamente e formulava argumentos irrepreensíveis para provar suas convicções, Mark tinha muito pouco a dizer. Quando dava uma sugestão, fazia-o serenamente. E ela não era seguida pelo som de quatro mandíbulas entrando em ação com outras opiniões. Tudo o que gerava era o silêncio ou o barulho de pessoas se movendo para fazer o que ele havia sugerido. Mark parecia ter um poder misterioso: era capaz de fazer que tivéssemos vontade de responder ao que ele dizia.

Pensei bastante e por um bom tempo, ponderando sobre a natureza desse poder. Finalmente me dei conta. Respondíamos a Mark sem ressentimentos por causa do tipo de pessoa que sabíamos que ele era. Ele não dava conselhos pelo prazer de sentir a língua mover-se. Ele pensava antes sobre o que ia dizer, e ouvir suas sugestões parecia uma atitude muito sábia. Por que perder tempo ouvindo outras opiniões? Os bons conselhos de Mark eram dignos de confiança.

É claro, bons conselhos nem sempre são agradáveis de ouvir. Não é divertido ter de dizer a pés cansados de uma longa jornada que é hora de armar as tendas. Ninguém levanta correndo para lavar pratos em um lago congelado muito depois que o Sol se pôs. Ainda assim, até mesmo as sugestões desagradáveis de Mark eram mais fáceis acatar. Isso porque sabíamos que Mark nunca sugeriria algum trabalho que ele mesmo não faria. Ele simplesmente nunca tentava escapar da responsabilidade. Se alguma tarefa se tornava mais difícil do que havíamos previsto, ele se juntava a nós e ajudava. Ele nunca nos deixava encalhados fazendo nossa "parte justa" enquanto ele vadiava em volta da fogueira.

Esse pensamento me conduz a Deus. Para muitos cristãos novos, relacionar-se com Deus é bom enquanto o que recebem de Deus é amor e perdão. Eles então vão à igreja e descobrem que algumas das coisas que gostam de fazer não são vistas com bons olhos. Começam a ler a Bíblia e são confrontados com ordens sobre o que fazer com relação a dinheiro, família, tempo e inúmeras outras coisas. Mesmo ao orar a Deus têm a nítida impressão de que há partes de sua vida que Deus quer mudar. E são tentados a ignorar o Senhor.

Nós que nos ressentimos da interferência de pais ou de vizinhos naturalmente não queremos a interferência de Deus. Essa é uma grande razão pela qual algumas pessoas nunca darão ouvidos a Deus. Elas imaginam a Bíblia como uma extensão de duas mil páginas dos Dez Mandamentos e bloqueiam a mente para ela.

A Bíblia, é claro, tem relativamente poucos mandamentos: para cada um há páginas de poesia, história, biografia ou teologia. Mas há também conselhos sem rodeios de Deus para dezenas de assuntos, e ele os comunica do modo mais dogmático possível. Ele diz: "faça isso ou você morrerá". Dá para ser mais dogmático que isso?

O conselho de Deus, como o de Mark, é mais fácil de ser acatado se entendermos o tipo de pessoa que Deus é. Seu conselho, por certo, não é arbitrário. Nós demos ouvidos ao Mark porque ele foi zeloso e sábio e não deu opiniões arbitrárias e aleatórias. Se isso nos fez escutá-lo mais facilmente, por que não a Deus? Ele fez o mundo onde vivemos. Ele fez você. Ninguém compreende melhor suas circunstâncias que ele. Se você pode acatar o conselho de Deus, por que insistir em tentar fazer tudo a seu modo?

Não só isso: Mark foi mais fácil de ser acatado porque nunca se esquivou da tarefa mais difícil. Deus também não. Seria difícil aceitar os conselhos de um Deus assentado no céu, isolado das terríveis tentações, frustrações e sofrimentos que fazem parte da condição de todo ser humano. Dá quase para escutar as zombarias de protesto: "Ele dá bons conselhos, mas será que ele mesmo os acataria?". A resposta é sim. Deus não se esquivou da tarefa mais difícil: em Jesus ele veio para encarar todas as nossas tentações e morrer a morte mais cruel possível. Ele aceitou o próprio conselho e viveu uma vida perfeita. Ele não exige de você o que não exigiria dele ou poderia fazer ele mesmo.

Não é possível, no entanto, ignorar o fato de que os conselhos de Deus são terrivelmente exigentes. Ele diz, por exemplo, que devo amar meu semelhante como amo a mim mesmo, perdoar meu irmão indefinidamente, e nunca me preocupar com meu sustento. Que frustrante! Talvez Jesus conseguisse fazer isso, mas eu não consigo.

A Bíblia pode não consistir de duas mil páginas de mandamentos, mas os mandamentos são tão difíceis que isso pouco importa. Se você os levar a sério, como evitar a frustração e a amargura para com Deus? Ele pode parecer um pai sem amor com uma lista de tarefas que deveriam ter sido terminadas ontem.

O que faz toda a diferença é isto: como Mark, Deus não me dá uma lista de tarefas e me deixa sozinho para cumpri-las. Ele me ajuda. Mais que o Mark (porque ele é muito mais poderoso),

Deus me capacitará a fazê-las. Sem sua ajuda é impossível cumprir seus mandamentos. Confiando nele, posso começar a viver como deveria.

Eu gostaria de viver do modo como Deus espera. Gostaria de amar meu semelhante tanto quanto amo a mim mesmo. E sendo o tipo de pessoa que Deus é, se ele me disse para fazer isso, devo agora ser capaz de fazê-lo, porque ele me ajudará com seu poder infinito a realizar o que não consigo.

Dessa forma seus mandamentos podem ser lidos não como ordenanças severas, mas como promessas. Ele diz: "Não se preocupe com dinheiro". Mas a cláusula nas entrelinhas é: "Eu suprirei suas necessidades. Será possível você relaxar e confiar em mim?". Em toda parte onde leio "você deve" ou "você não deve" posso também ler "você pode".

Isso não significa que fico totalmente feliz quando recebo um conselho de Deus. Sou uma pessoa teimosa. Gosto das coisas do meu jeito, sem dar ouvidos a ninguém. Porém tenho percebido que o conselho de algumas pessoas vale a pena ser ouvido. Tudo depende de quem está dando o conselho.

Há outro problema com o qual tenho lidado na minha vida cristã. Os conselhos às vezes procedem de pessoas incrédulas — meus pais, meus professores, meus colegas e meu chefe. Uma coisa é ouvir um conselho de Deus; outra bem diferente é recebê-lo de pessoas falhas e freqüentemente estressadas. Suponha que um pai tenha tido um dia ruim e exija que o filho cancele um encontro para ajudar nas tarefas de casa — deveria o filho obedecer a uma ordem tão injusta?

Há, no entanto, vários versículos espalhados na Bíblia que mostram com clareza a dimensão da autoridade dos pais. "Filhos, obedeçam a seus pais em tudo, pois isso agrada ao Senhor" (Cl 3:20, NVI). Há também: "Todos devem sujeitar-se às autoridades governamentais, pois não há autoridade que não venha de Deus; as autoridades que existem foram por ele estabelecidas" (Rm 13:1, NVI). Deus é um conselheiro sensível, onisciente e útil. As autoridades em nossa vida na maioria das vezes não o são. Algumas vezes são obstinadas, não sabem do que estão falando e dão ordens somente para provar que podem exigir que você faça o que estão mandando. Por que se curvar a elas? Por que aceitar um conselho quando você sabe que ele não é o melhor?

Antes de responder quero deixar claro de quem estamos recebendo ordens. Devemos responder às pessoas que foram colocadas como autoridade sobre nós *enquanto* tiverem autoridade sobre nós. Um aluno obedece a um professor enquanto está na escola; não porque aquela pessoa é adulta ou porque é professor, mas porque professores são autoridade na escola. Se um professor diz a uma pessoa para fazer algo depois que o horário escolar acabou, o aluno não tem de obedecer. O estudante deve respeitá-lo, como deve respeitar a todos. Mas não tem obrigação de obedecer.

É a mesma coisa com chefes. Enquanto estiver trabalhando com eles, você obedece. Se sair da empresa, não deve mais obedecer. Um chefe não é superior a você ou necessariamente mais inteligente ou culto. Ele é apenas chefe. Alguém tem de ser.

Isso é verdade até mesmo com relação aos pais. Algumas pessoas forçam as Escrituras para dizer que você deve para sempre, por toda a vida, obedecer a seus pais. A Bíblia não diz isso. Em vez disso ela afirma: "*Filhos [crianças]*, obedeçam a seus pais." Ela diz para todos, de todas as idades, honrarem seus pais, mas apenas das crianças é exigido que obedeçam. Interpreto isso assim: enquanto você está debaixo do teto deles e tirando deles seu sustento, você lhes obedece. Mas quando chega a hora de estabelecer sua vida, você deixa de ser responsável por fazer o que eles dizem.

Mas por que obedecer, de qualquer maneira? Posso pensar em quatro boas razões.

1. Obedecendo a uma autoridade, você está obedecendo a Deus. Deus é o tipo de conselheiro que torna o conselho mais fácil de engolir, e eis um conselho que ele tem para você: obedeça a quem tem autoridade sobre você. Nem sempre é possível compreender o motivo. Apenas tenha em mente que você não lhes está obedecendo por causa de quanto eles são admiráveis, mas porque Deus lhe pede que o faça. Você está acatando a autoridade divina, não a deles. Ele não está pedindo que você faça algo que ele mesmo não estaria disposto a fazer (Jesus não ultrapassou a linha, mesmo que como resultado as autoridades tenham-no assassinado injustamente). Quando seu patrão lhe dá alguma ordem que você considera injusta, o seguinte pensamento pode ajudar: se foi uma ordem despropositada, que resolvam ele e Deus. Não é problema seu. Você deve fazer o que Deus disse.

2. Alguém tem de dar ordens, caso contrário viveríamos num caos. Algumas vezes você vai ter mais conhecimento de causa que a pessoa que está dando ordens (espera-se que isso não aconteça com muita freqüência; na maior parte das vezes, *na sua área de autoridade*, aqueles que dão ordens têm mais experiência que você). Porém não é viável abrir um debate parlamentar cada vez que uma decisão precisa ser tomada. Alguém tem de decidir. Alguém tem de supervisionar as coisas e coordená-las. O professor tem de ficar de olho na classe inteira, não só em você. Um pai tem de pensar nas conseqüências de longo prazo de uma decisão para cada membro da família. A função do chefe é assegurar a coordenação dos esforços de todos. Ele pode acabar menosprezando seu trabalho, mas se espera que ele tenha uma noção mais acurada que a sua de como seu esforço se relaciona ao de todos os outros. Você pode fritar hambúrgueres melhor que qualquer um que já viveu, mas se você está produzindo mais que os caras que embalam os hambúrgueres conseguem manipular, a função de seu chefe é diminuir seu ritmo.

Ora, um chefe ou pai ou professor pode deixar de fazer um bom trabalho ao coordenar tudo. Mas como vai aprender, se não tentar? Se insistir na anarquia, as coisas nunca melhorarão.

3. *Todo o mundo está debaixo de autoridade em algum momento.* A autoridade é o que faz as coisas acontecerem; é a "embreagem" do eixo motor, e sem ela a ação nunca chegaria do motor às rodas. Quando vai a um restaurante, você se coloca debaixo da "autoridade" da garçonete. Ela estabelece o protocolo, lhe diz onde sentar, pega seu dinheiro. Se você se levantar e tentar buscar seu pedido, ela vai lhe pedir que se sente, e estará certa. Todos têm de aprender a obedecer a ordens — de uma garçonete ou de um professor, de um empregado de loja ou de um policial rodoviário, ou da Receita Federal.

4. *A autoridade normalmente protege um sistema que vale a pena salvaguardar.* Não estou dizendo que obedecer é fácil. Às vezes se é colocado sob a autoridade de alguém realmente irritante. Se não consegue nem respeitar a pessoa, o que você faz? No exército, onde a autoridade é absoluta, há um ditado: "Se não consegue prestar continência ao homem, preste continência ao uniforme". Você não tem obrigação de respeitar a pessoa, mas deveria respeitar seu posto o bastante para você não ser rebaixado.

Tome, por exemplo, a família. Não consigo pensar em nada mais crucial para o mundo que famílias saudáveis. Se você não pensa assim, encontre alguém que tenha vindo de uma família desestruturada ou que nunca tenha tido uma. Essa pessoa tende a ter problemas ao longo de toda vida.

Vamos supor que seu pai seja realmente capaz de agir como tirano. Durante o intervalo antes de crescer e ir embora para sempre, você tem duas escolhas. Pode desafiá-lo, lutar com ele a cada passo do caminho e corrigir cada julgamento equivocado que ele fizer. Como conseqüência, você provavelmente não terá de fazer tanta coisa desagradável. Entretanto, sua "família" quase não será mais uma família. Você sobreviverá, mas ela não. Vocês serão um mero ajuntamento de pessoas vivendo sob o mesmo teto.

A outra escolha é aceitar literalmente o conselho de Cristo de "amar a seus inimigos" — neste caso, seu pai. Você decide respeitá-lo, não porque ele mereça, mas porque é seu pai. E não somente lhe obedece, como tenta até mesmo agir como se ele fosse um bom pai. Você lhe pede conselho, opinião, e tenta tirá-lo da defensiva. Saúda o uniforme, e não o homem; você o trata como o pai que ele não é. Você sobreviverá — a obediência não vai matá-lo —, e sua família também sobreviverá. E as probabilidades são boas de que seu pai, ao deixar a defensiva, amoleça o coração de alguma maneira.

Eu acredito que as famílias sejam importantes, e é por isso que encorajaria os filhos a não se fixarem por demais na sobrevivência. Podemos achar que todos os problemas que encaramos, dentro das famílias e fora delas, acontecem porque as coisas são assim mesmo. Podemos olhar as estatísticas de divórcios e dizer: "Casamento simplesmente não funciona". Podemos olhar para o número de pais ruins e dizer: "As estruturas familiares simplesmente não funcionam". Mas essas afirmações não são muito precisas. As coisas não funcionam facilmente, mas podem funcionar. Com a ajuda de Deus, podemos começar a virar o jogo do egoísmo e da pecaminosidade que torna a autoridade algo tão difícil de aceitar. Mas se desistirmos do casamento ou da família, não teremos matéria-prima para trabalhar.

Em se tratando de aceitar conselho, as pessoas têm dois temores principais. Primeiro, têm a preocupação de não obedecer a uma ordem realmente errada. Afinal, os companheiros de crime de Hitler não estavam simplesmente obedecendo a ordens quando assassinaram judeus inocentes? Será que não deveriam ter pensado por si mesmos?

Sim, deveriam. Mas é aqui que os cristãos levam uma vantagem considerável. Alguém que não crê em Deus obedece a outra autoridade confiando cegamente nela — ou confia apenas em si, nunca aceitando palavra alguma de ninguém.

O cristão, no entanto, consegue enxergar que há um limite inato para a autoridade, porque toda a autoridade vem de Deus. Quando Hitler agiu além da autoridade que havia recebido de Deus, os cristãos deveriam ter desobedecido.

Pode haver momentos raros em sua vida em que alguém, como um empregador, lhe peça que faça algo que a Bíblia diz claramente ser errado. É sua responsabilidade opor-se a ele e encorajá-lo a retornar ao tipo de autoridade que Deus lhe deu. Você não estará dizendo: "Você é um chefe tão ruim que agora vou assumir seu lugar", mas, ao contrário: "Quero que você, se possível, se torne o tipo de autoridade que Deus quer que seja". No Novo Testamento, o governo foi sempre respeitado. Mas quando cruzou a linha, recusando-se a permitir que os cristãos falassem de Jesus, eles simplesmente disseram: "Você não tem esse direito. Está em oposição a Deus. Nossa primeira lealdade é a ele".

A segunda preocupação das pessoas é a de que, através da obediência, se tornem moscas-mortas. Isso também me preocupa seriamente, porque muitos saem de casa, da escola ou do emprego com personalidades pasteurizadas que ostentam a cor e a consistência de um mingau de aveia. Deus não está pedindo isso. Ele não está procurando alguém que não seja capaz de pensar por si mesmo, que não tenha independência ou garra.

Mas a autoridade não necessariamente produz, creio, moscas-mortas. Eu diria na verdade que a maioria das pessoas com personalidade forte e independente desenvolveu suas características através do exemplo de alguma pessoa forte e independente que já teve autoridade sobre elas — talvez uma mãe severa ou um professor enérgico. Eu diria que a maioria das moscas-mortas são produzidas, não por submeter-se a autoridade, mas por uma situação confusa e desamorosa. Quando uma família, uma escola ou um ambiente de trabalho é caótico, quando as pessoas saem dos trilhos, isso as priva da personalidade plena que Deus quer para elas. Isso pode ser evitado com autoridade e disciplina.

Leia a Bíblia. Personalidades poderosas lhe saltam das páginas, homens e mulheres destemidos cujas vidas mudaram a história. Cada modelo na Bíblia é surpreendentemente diferente, a não ser por uma semelhança comum: obedeceram a Deus. Viveram debaixo de sua autoridade. Como conseqüência, suas personalidades fortes foram ainda mais fortalecidas, não enfraquecidas.

O modelo de obediência da Bíblia é o de um soldado treinado para a ação. Trata-se de uma pessoa forte que aprendeu a trabalhar nos moldes do exército e a realizar coisas que de outro modo não poderiam ser realizadas. Se você é cristão, essa é a história de sua vida. Você deve primeiro ser forte: Deus vive em você, como cristão, a fim de fazê-lo forte. Você deve em seguida submeter essa força, sendo obediente à autoridade divina e trabalhando dentro da estrutura das famílias, dos empregos, do governo e das escolas a fim de canalizar essa força para algo poderosamente bom — formar uma boa família, uma boa escola, criar um bom ambiente de trabalho.

Um Deus de desenho animado

JoAnn Read

■

Os desenhos animados devem ter me dado as primeiras impressões a respeito de Deus: eu o imaginava um homem desgrenhado e peludo, de olhar penetrante, de dedo em riste em minha direção. Embora fosse obviamente uma pessoa boa, Deus parecia tão distante e intangível quanto um velho e enfadonho professor da escola, alguém que dava ordens rígidas e esperava obediência.

Como conseqüência, por um longo tempo durante o ensino médio não me voltei para Deus com meus problemas. Eu ligava para Kathleen, minha melhor amiga, e despejava em detalhes minha história.

Deus parecia muito retirado da minha vida agitada de ginástica em equipe, de campainhas da escola, de namoros, de programas de TV. Nunca consegui imaginar onde ele se encaixaria.

É quase como se eu houvesse me esquecido de Deus — como se estivesse segurando uma correia com um leão na ponta e tivesse me esquecido que o leão estava ali. É provável que inconscientemente eu estivesse querendo esquecer todas aquelas imagens de desenho animado de um Deus severo e agourento. Era impressionante. Àquela altura eu cria que Deus, o Criador do universo, havia escolhido estar intimamente envolvido em minha vida, e, no entanto, eu era capaz de passar muitos dias sem sequer pensar a seu respeito.

Um dia, na escola, fiquei sabendo pela Kathleen que seu pai havia sido transferido para outra cidade. Fiquei arrasada. A única pessoa em quem eu confiava ia me deixar.

Reagi à notícia como uma criança — com lágrimas e com raiva. Com quem eu estava decepcionada? Não tenho certeza; senti apenas um profundo sentimento de perda. Nós duas havíamos passado anos construindo um relacionamento de confiança, de modo que podíamos falar sobre absolutamente qualquer coisa. Não consegui encarar nossa amizade interrompida. Afastei-me das outras amigas, recusei convites para festas e comecei a ficar com pena de mim mesma. Em quem eu poderia confiar a partir de agora?

Uma coisa estranha aconteceu. Tão logo Kathleen se foi, comecei a voltar-me para Deus. No começo me aproximei dele com hesitação, quase que com vergonha. Será que poderia confiar nele para cuidar dos detalhes de minha vida? Eu me esquecia dele com facilidade; será que ele se esquecia de mim com a mesma facilidade?

De algum modo me senti melhor sendo honesta com Deus. Descobri que não precisava estar no alto de uma montanha para comunicar-me com ele. Eu podia falar com ele na sala de aula, em meu quarto — qualquer lugar. Ele não parecia aquele professor severo; parecia mais um amigo.

Os salmos na Bíblia me encorajaram a me abrir com Deus. Os salmistas levavam sua raiva, sua dor e sua amargura a Deus. Em resposta, ele não os esmagava com um fardo pesado de culpa ou repreensão: ele lhes dava cura e consolo.

No processo de voltar-me para Deus, aprendi uma coisa. Eu costumava pensar que minha vida tinha valor somente quando estava repleta de coisas agradáveis. Eu me cercava de amigos leais e felizes. Escolhia atividades escolares nas quais sabia que seria bem-sucedida. Ao conversar com meus pais, evitava assuntos sobre os quais discordaríamos. Talvez fosse por isso que eu recuava com aversão diante da imagem de desenho animado de um Deus severo: pensava que ele tiraria minha felicidade e me ensinaria "o que era bom pra mim".

No entanto, quando experimentei a dor emocional da perda de Kathleen, dos conflitos com meus pais e o rompimento com meu namorado, fui surpreendida pela perspectiva de Deus. Ele não respondeu a minha dor com frieza; ele me consolou como um pai amoroso. Prometeu usar todas as coisas em minha vida para o bem: tornar-me mais parecida com ele. Na maioria das vezes não consigo entender o porquê de certas coisas, mas tenho aprendido a confiar em Deus, a despeito de tudo. Aquela imagem severa de desenho animado está se apagando rápido.

■

Existe um Deus que se IMPORTA?

Tim Stafford

■ **Dúvida:**
A fé despedaçada, como os ossos quebrados, pode voltar fortalecida.

Minhas dúvidas sobre Deus aparecem, na maioria das vezes, em meio às multidões. Fico calado e observo as levas de gente passando por mim. Cada pessoa tem o próprio rumo e os próprios pensamentos. Cada uma delas, eu penso, não está nem aí com a minha crença de que há um Deus que se importa. Sinto-me sozinho e insignificante, estarrecido diante da democracia da incredulidade. Quem sou eu para dizer que meu raciocínio faz mais sentido que o deles? Eles parecem tão sólidos e seguros em seus negócios; como eu poderia convencê-los de um Deus que os ama? Eles não estão sequer interessados. Pergunto-me se o louco não sou eu.

Você se sente desconfortável por saber que eu, que deveria ser um cristão resoluto e confiável, tenho dúvidas? Que tem havido noites quando literalmente grito com Deus, implorando por algum sinal de que ele seja real? Houve tempo em que eu me sentia ameaçado se um cristão me falasse de seus questionamentos mais profundos. Se outros tão bons quanto eu estavam pensando em abandonar o navio, não estaria eu apenas me enganando por continuar crendo?

Eu, além disso, achava que as dúvidas eram o pior perigo para um cristão. Não penso assim agora. As dúvidas são coisa séria. Às vezes conduzem à rejeição de Deus. Mas com maior freqüência, creio que, se confrontadas honestamente, podem conduzir a uma fé ainda mais forte.

Há coisas que me preocupam mais.

Preocupa-me quando alguém está conscientemente desobedecendo a Deus e racionalizando sua desobediência. Nada destruirá a fé mais rápido.

Preocupa-me quando alguém sustenta uma fachada de fé vibrante, enquanto as dúvidas e a solidão espreitam por trás.

Preocupa-me quando um cristão não consegue se relacionar com outros cristãos, em vez disso exibe uma lista interminável de como foi enganado, maltratado ou sofreu abuso.

Preocupa-me quando alguém está encontrando uma fé "nova e mais madura" que dispensa coisas como conhecer a Bíblia, a oração e a adoração com outros cristãos. Um indivíduo pode abandonar essas coisas por algum tempo, mas não gosto de ouvi-lo dizer que encontrou uma condição nova e melhor sem elas.

Mas e as dúvidas? Elas têm seu lugar, na Bíblia pelo menos. Das perguntas inflamadas de Jó ao "mostre-me" confuso e obstinado de Tomé, as dúvidas são tratadas com franqueza. Os que duvidam são corajosos o suficiente para fazer as perguntas; gente piedosa que sabe todas as respostas e faz rapidamente calar os questionadores parecem suscitar mais a ira de Deus.

Quando você está duvidando da existência de Deus, pode ajudar a definir o que está sendo colocado em dúvida. Analise seu problema antes de procurar pela solução. Mas busque as respostas. Os muros da fé cristã não são tão finos que você fará um buraco neles se empurrar com muita força. Se perguntar honestamente, encontrará respostas — embora nem sempre as respostas que gostaria. "Busque e você encontrará", Jesus prometeu. "Bata e a porta se abrirá". Essa foi uma promessa aos discípulos. Eles haviam escolhido segui-lo. Tendo feito isso, ouviram do próprio Jesus, que criou a terra, a promessa de que não permaneceriam confusos para sempre, desde que estivessem dispostos a buscar e a pedir.

Dúvidas solitárias são, creio, as mais comuns. Conversei recentemente com uma amiga que havia passado por um período difícil, duvidando se Deus existe ou se ele se importa. Mas recentemente o pensamento dela mudou.

"Percebi", ela disse, "que estava realmente sozinha. Eu conhecia muitas pessoas, mas nenhuma delas me conhecia de fato". Por isso eu estava com raiva de Deus, gritando com ele dizendo que não tinha amigos. Essa era a verdadeira fonte de minhas dúvidas.

É difícil crer no amor de Deus quando não há pessoas a sua volta que o amam. É necessária uma força incomum para atravessar por um período assim sem dúvidas graves. Somos feitos para experimentar o amor de Deus através de pessoas, bem como através do próprio Deus.

Mas se você está sozinho, certifique-se de que seja esse o foco de suas dúvidas. Não saia por uma tangente filosófica sobre os que sofrem na Índia. Fale com Deus sobre a realidade da amizade humana, e peça que ele comece a lhe mostrar como fazer um bom amigo. Peça também que ele mostre um propósito para sua solidão, alguma maneira pela qual você possa crescer através dela. Não vai acontecer da noite para o dia, mas com um sentimento de direção suas dúvidas sobre Deus se dissiparão. Ele se tornará seu aliado na cura da solidão, em vez de seu adversário.

Dúvidas de crise são freqüentemente mais intensas. Alguém que você ama morre. Talvez seu melhor amigo o rejeite. As provas finais na escola o estão derrubando. Na maioria das vezes, durante uma crise, você fica muito cansado sem nem mesmo perceber. O desgaste mental provoca a necessidade de muito mais descanso, e você não está praticando nenhum exercício físico com freqüência. A pressão não passa, e você fica constantemente nervoso.

Em *God and man at Yale* (Deus e o homem em Yale), William F. Buckley disse que sempre que tinha dúvidas sobre Deus ele deitava até que elas passassem. Não se trata de uma receita ruim. As dúvidas muitas vezes, e particularmente as dúvidas de crise, são uma resposta a sentimentos poderosos de tristeza, reforçados pela fadiga. Elas passarão. É claro que crises podem e devem começar a suscitar perguntas que têm implicações duradouras. Mas não se iluda pensando que vai conseguir resolver o problema do sentido do universo numa noite sem sono. Você não tem capacidade para fazer isso. Reconheça que está em crise, faça as perguntas, mas guarde-as para mais tarde. Durma se puder. Procure um amigo que o console. Na maioria das vezes, o que você precisa é de uma oportunidade de expressar suas dúvidas, e elas se dissiparão. Se não for o caso, não tome decisões importantes. Espere para resolver suas questões depois, quando estiver descansado.

Creio que as *dúvidas intelectuais* sejam, de fato, as menos comuns. O motivo é que poucos de nós somos intelectuais. Mas muitos de nós gostaríamos de ser, e é difícil admitir que não podemos ter todas as respostas. Assim, elaboramos muitas de nossas dúvidas sob a forma de perguntas intelectuais, em parte para manter distância da própria solidão e da nossa inadequação.

Há, no entanto, perguntas verdadeiramente boas a serem formuladas sobre a realidade de Jesus Cristo. Se Deus é bom, por que estaria disposto a enviar algumas pessoas para o inferno? Como podemos dizer que o cristianismo é melhor que o hinduísmo? Por que as pessoas sofrem? Se a dedicação de nossas vidas a Deus verdadeiramente nos faz novas criaturas, como os cristãos muitas vezes parecem não ser melhores do que os demais? Como colocar nossa confiança em um livro tão desprovido de valor científico como a Bíblia? Há muitas outras.

Não vou tentar responder a essas perguntas aqui, embora creia ter boas respostas. Podemos não encontrar respostas finais e definitivas a nossas perguntas. Mas encontraremos respostas que têm satisfeito homens e mulheres muito mais inteligentes e cultos do que nós (um bom começo seriam os textos de C. S. Lewis, particularmente *Cristianismo puro e simples* e *O problema do sofrimento*).

O que mais me entristece é que freqüentemente os que se fazem esse tipo de perguntas intelectuais na maioria das vezes dirigem sua resposta — e toda sua vida — com base em algumas poucas e vagas noções soltas na cabeça, algo que um professor na faculdade disse com convicção, ou na informação superficial que encontram em um ou dois livros-texto. Há informação de melhor qualidade em qualquer biblioteca ou livraria e, espera-se, no gabinete de qualquer pastor.

Se você está tendo dúvidas intelectuais, tente elucidá-las até o fim. Pergunte a pessoas que provavelmente tenham respostas, e a muitas delas — não se satisfaça com uma ou duas. Peça por material de leitura. Pode levar algum tempo, mas uma vez que você está tentando decidir se a vida como cristão tem algum significado, deve tratar-se de questão que mereça um estudo sério. Se não for o caso, se você já estiver satisfeito com a informação de segunda mão alojada na mente, então duvido que você esteja sendo verdadeiramente honesto em seus questionamentos. Se abandonar sua fé, terá enganado a si mesmo. Se a mantiver, também terá se enganado: essas mesmas perguntas podem voltar, ou sua fé pode se tornar superficial, temerosa de confrontar dúvidas difíceis e de escutar com honestidade as perguntas que os não-cristãos estão fazendo.

Se você perguntar com honestidade e estiver disposto a pedir a Deus por ajuda, penso que encontrará respostas que o satisfaçam. É o que acontece comigo o tempo todo.

Minha dúvida é mais emocional que intelectual; sei disso porque ela vem quando estou cansado. Ela, no entanto, é real. Eu me canso de ser diferente. Às vezes eu gostaria de pensar como todo o mundo pensa. Em vez de me preocupar com outras pessoas, em vez de ler a Bíblia, orar e ir à igreja, gostaria de pensar e fazer aquilo de que tenho vontade. Ser um cristão parece ser um ritual cansativo ao qual estou atado.

Então, o que acontece quando tenho essas dúvidas? Uma coisa que precisa acontecer, com certeza, é: tenho de dormir. Mas há mais. Minhas perguntas não são ruins. Qual a razão de ser de todos esses rituais que realizamos? Por que os cristãos agem e pensam de maneira tão estranha? Sou forçado a ir até os fundamentos de minha fé. E chego à seguinte conclusão: se não fosse por Jesus, acho que não seria cristão.

Agora, essa não é uma frase absurda? Se não fosse por Jesus, *não haveria* cristãos. Não haveria cristianismo. Mas, por mais óbvia que seja a colocação, ela tem de ser feita. Jesus é quem me ajuda a sobreviver quando estou deprimido.

Às vezes penso que nossa versão de cristianismo poderia seguir adiante sem Jesus. Se alguém de algum modo provasse que ele nunca viveu ou nunca ressuscitou, poderíamos continuar do mesmo jeito. Gostamos de cantar juntos. Fazemos bons amigos na igreja e nos grupos nos lares. Temos a mesma visão de mundo, e isso gera segurança. Falamos de Jesus, mas essa parece ser uma linguagem codificada para os bons sentimentos. Não se encaixa em nenhuma pessoa real — uma pessoa tão definida quanto, digamos, meu pai. Poderíamos substituir qualquer outro nome por "Jesus" e, uma vez que nos acostumássemos a ele, tudo ficaria bem. Que tal "Buda"?

Suponha que alguém viva o cristianismo assim desse jeito — estritamente como um estilo de vida, sem de fato pensar nele como um relacionamento com Jesus, uma pessoa real, viva. Suspeito que a pessoa poderia manter esse padrão por toda a vida, gostando de ser cristão do mesmo modo que alguns gostam de ser do partido "A" ou "B". Com o passar dos anos ela conheceria melhor o sistema — aprenderia a discutir pontos cruciais, onde encontrar textos na Bíblia e a ter teorias sobre como a igreja deveria ser liderada. Mas provavelmente não seria mais bondosa, nem mais compassiva ou estaria mais próxima da fonte da vida. Poderia passar a vida confundindo os bons sentimentos suscitados pela oração num grupo de amigos com a realidade de Deus. Talvez nunca viesse a saber que perdeu alguma coisa.

Penso que a maioria das pessoas começa com o cristianismo e só gradualmente passa a conhecer Cristo. Somos primeiro atraídos por um grupo de pessoas, um modo de vida, um líder ou um amigo em que confiamos.

Essa é a minha experiência. Cresci numa família cristã estável. Conheci muitos líderes cristãos maravilhosos. Visitei grandes igrejas, grupos de comunhão empolgados onde coisas realmente estavam acontecendo. Mas embora tudo isso seja bom, não é o suficiente. Você tem de ir além. Embora parte do cristianismo com o qual tenho tido contato seja muito boa, passei por longos períodos de deserto quando minha fé não fazia muito sentido para mim, ou quando estive sem muito apoio de outros cristãos.

Mas de quem não posso me livrar, mesmo quando estou infeliz, é do homem conhecido como Jesus. Ele é impressionante. Quanto mais aprendo sobre ele, mais maravilhado fico. Ele é a resposta final a todas minhas dúvidas.

Você tem de ler sobre ele. Na verdade, não há outra maneira completamente confiável de saber sobre ele. Quatro panfletos dão registros razoavelmente detalhados de sua vida sobre a terra, quando seu caráter revestiu-se de um foco visível. Não é por acaso que o Novo Testamento começa com eles: Mateus, Marcos, Lucas e João. Eles são básicos.

O que encontro nestes quatro registros sobre Jesus? Encontro camada após camada de significado: simplicidade — posso entender o texto na primeira leitura e encontrar nele uma riqueza que a maior de todas as mentes jamais esgota. Encontro um retrato convincente do único Homem por quem eu pensaria em dar a vida.

Não é apenas o que ele disse. Não é apenas sua habilidade de fazer coisas extraodinárias. Não é só o modo como ele amou as pessoas. Não é só o caráter que demonstrou sob pressão. Não é só seu relacionamento assombroso com Deus. De forma incrível, ele combinou todas essas coisas. Ele é único; não há nada nem ninguém como ele.

Eu poderia falar sobre muitos aspectos de Jesus e sobre por que ele me atrai. Mas vou me limitar a dizer uma única coisa que sempre me impressiona a respeito dele. Jesus é o único homem completamente livre que eu jamais encontrei.

Eu quero muito ser livre. Não quero estar aprisionado a coisa alguma. Quero voar livre como um falcão planando no vento. Em Jesus encontro um modelo daquilo que quero me tornar.

Por "livre" não quero dizer livre de toda pressão ou responsabilidade. Pessoas que têm esse tipo de liberdade são, na maioria das vezes, apanhadas de maneira trágica. Estrelas do *rock*, com todo o dinheiro e o tempo que têm para fazer tudo o que querem, cometem às vezes suicídio ou enveredam pelo caminho das drogas. Algumas das pessoas mais livres estiveram sob intensa pressão, como Nelson Mandela ou o apóstolo Paulo na prisão.

A liberdade na qual estou interessado começa dentro da pessoa. Penso que sempre teremos alguns limites impostos pelo mundo exterior. Estou mais preocupado com os limites que temos dentro de nós. Uma pessoa realmente livre pode rir quando os outros estão amargurados; pode ser bondosa quando os outros odeiam; pode estar numa sala cheia de gente fofocando e não participar; pode ser ela mesma, independentemente da pressão que sofre.

Jesus era livre. Multidões o adoravam, mas ele não se deixou levar por isso a ponto de viver para agradá-las. Centenas de enfermos vieram a ele para ser curados, mas ele não permitiu que essa pressão o mantivesse distante de prioridades como gastar tempo conversando com Deus. Os religiosos da época o criticaram, mas ele não deixou que isso o intimidasse, nem que o levasse a se tornar um rebelde estereotipado. Seus melhores amigos tinham idéias sobre como ele deveria agir e o tipo de futuro que ele deveria esperar, mas ele não se deixava influenciar.

A liberdade de Jesus fluía de sua identidade como Filho de Deus. Ele mantinha contato; ele se lembrava de quem era em relação a Deus. As pressões não podiam amoldá-lo, porque Deus não mudava em seu amor e em sua promessa de guardá-lo. Nem mesmo a morte poderia mudar quem ele era — e é.

Para mim, sua demonstração de liberdade mais impressionante foi diante de um tribunal fraudulento que estava obviamente inclinado a condená-lo à morte. Era composto de religiosos que ele havia confrontado com veemência. Agora, na demonstração máxima de piedade pervertida, eles o tinham em suas mãos. E não tiveram coragem de matá-lo imediatamente: precisaram julgá-lo sob falsas acusações.

Se você pode se imaginar sendo acusado de suborno diante do Senado pelo impostor mais conhecido no Congresso, talvez possa ter uma idéia do misto de fúria e temor naturais num ser humano.

A maioria de nós tem culpa suficiente para sentir que merece punição de algum tipo. Quando meu carro quebra, aceito de mau humor e fatalisticamente o fato como algo que mereço. Mas Jesus não tinha feito *nada* de errado, uma única coisa sequer em toda sua vida. Ele nunca havia sentido culpa.

Não seria de esperar que Jesus se defendesse vigorosamente? Ou tentasse evitar, de algum modo, sua condenação à morte? Ou que implorasse por clemência?

Ele não o fez. Durante o julgamento ele foi repetidamente questionado se cria ser ele mesmo o Messias, o Filho de Deus. Foi desafiado a se defender. E nunca o fez. Embora algumas traduções possam sugerir que ele tivesse respondido diretamente às perguntas deles, as palavras em si indicam que ele respondeu somente: "essas são suas palavras". Ele não se defendeu, nem deu explicações. Somente Marcos registra que ele uma vez disse ser o Messias, o Filho de Deus.

Por quê? Em Lucas 22:67,68, Jesus explica por quê: "Se vo-lo disser, não o acreditareis; também, se vos perguntar, de nenhum modo me respondereis". Mesmo na iminência de uma morte injusta e precedida de tortura, Jesus lembrou quem ele é. Estava consciente de que eles haviam invertido os papéis: ele é o juiz do mundo, e eram eles os que deveriam se defender. Eles podiam brincar com julgamentos simulados, mas ele não iria ser pego no jogo deles, não iria representar o papel que haviam imaginado para ele.

Isso não era arrogância. Era realidade. Irreal era o julgamento, que tentava invalidar a posição que Deus lhe dera. Jesus seguiu para a morte como homem perfeitamente livre, não somente porque poderia ter ordenado que legiões de anjos viessem resgatá-lo, mas porque morreu sem esquecer por um instante sua segurança pessoal em Deus. Mesmo na cruz, sofrendo dor indescritível, ele foi ele mesmo. O que Jesus fez durante aquelas últimas horas de agonia enquanto sentia a morte se aproximando? Perdoou um ladrão. Iniciou um relacionamento familiar entre sua mãe e João. Encomendou sua vida a Deus.

Não consigo me livrar disso. Quando leio o que aconteceu fico maravilhado. Sei que estabeleci contato com alguém que vale a pena seguir. Venço minhas dúvidas. Não somente isso, dou graças por minhas dúvidas, pois elas me levaram para mais perto de Jesus.

Suas dúvidas podem, em muitas ocasiões, levá-lo a uma compreensão mais profunda de Deus, pois as respostas dele raramente serão do tipo que você estava esperando. Se suas convicções são superficiais, elas terão de ser tratadas com mais profundidade. Se o esqueleto de sua fé se curvou, os ossos talvez tenham de ser quebrados antes de voltar à posição normal. E vai doer. Mas não tenha medo: ossos quebrados ficam mais fortes.

EMPAREDADO

Philip Yancey

■ **Oração:**
O que acontece quando Deus não responde?

Sempre me disseram que a oração deveria ser uma conversa espontânea e natural entre mim e Deus. Porém, na maioria das vezes, na minha experiência, ela tem se tornado uma frustração a mais, em especial por causa de todas as minhas orações não respondidas.

Não sou o único com este problema. Na verdade, ele é maravilhosamente expressado num romance que está no currículo de leitura de muitas escolas de ensino médio e de faculdade nos Estados Unidos. *Of human bondage* (Da servidão humana), de Somerset Maugham, é, na maior parte do texto, uma autobiografia. Ela inclui um incidente dramatizado que aconteceu a Maugham, do qual sua fé nunca se recuperou.

O personagem principal, Philip, havia descoberto o versículo em Marcos que diz: "Qualquer coisa que vocês pedirem em meu nome, crendo, receberão". Ele lembrou imediatamente de seu pé torto.

"Ele poderia jogar futebol. Seu coração saltou de entusiasmo enquanto se imaginava correndo mais rápido que todos os outros meninos. Depois do período de Páscoa havia atletismo, e ele poderia se inscrever para as corridas; ele se imaginou saltando as barreiras. Seria esplêndido ser como todo o mundo, não se sentir observado com curiosidade pelos novos garotos que desconheciam sua deformidade, nem precisar de incríveis precauções para se banhar no verão, enquanto se despia, antes que pudesse esconder o pé dentro da água.

Ele orou com toda a alma. Nenhuma dúvida o atacou. Ele estava confiante na Palavra de Deus. E na noite anterior ao dia em que deveria voltar para a escola ele foi para a cama tremendo de empolgação. O chão estava coberto de neve, e tia Louisa se permitira o luxo incomum de acender a lareira do quarto dela, mas no pequenino aposento de Philip estava tão frio que seus dedos adormeceram, e ele teve grande dificuldade para desabotoar o colarinho. Seus dentes batiam. Ocorreu-lhe a idéia de que devia fazer algo diferente do corriqueiro para atrair a atenção de Deus; ele afastou o tapete que ficava em frente à cama, de modo a poder ajoelhar-se diretamente nas tábuas nuas, e então ocorreu-lhe que seu pijama era um conforto que poderia desagradar ao seu Criador, de modo que o despiu e fez suas orações nu. Quando voltou para a cama, ele estava com tanto frio que por algum tempo não conseguiu dormir, mas quando o fez, foi de modo tão profundo que Mary Ann teve de sacudi-lo quando lhe trouxe sua água quente na manhã seguinte. Ela conversou com ele enquanto abria as cortinas, mas ele não respondeu; tinha lembrado que aquela era a manhã do milagre. Seu coração estava cheio de gratidão e de alegria. Seu primeiro impulso foi o de colocar a mão sobre o pé que agora estava são, mas fazer isto seria duvidar da bondade de Deus. Ele sabia que seu pé estava curado. Por fim ele decidiu, e com os dedos do pé direito tocou o esquerdo. E passou a mão sobre ele.

Ele desceu mancando exatamente no momento em que Mary Ann entrava na sala de jantar para a oração, e sentou-se para o café.

"Você está muito quieto esta manhã, Philip — disse a tia Louisa."

Quase todas as pessoas que conheço já tiveram uma experiência semelhante a essa. A despeito das orações, os melhores amigos morrem em acidentes de carro; amigos e chefes se recusam a ver seu ponto de vista sobre certa decisão; você permanece preso a um pecado trivial.

O único sobrevivente de um acidente de avião escreve um artigo sobre como suas orações foram respondidas, mas e todos os que não viveram para escrever?

Tenho lido as promessas específicas sobre oração na Bíblia e tentado seguir as instruções. Quis alívio para uma dor de garganta ou quis encontrar um texto importante que perdi, mas nada aconteceu em resposta a minhas orações. Então me pergunto: será que há alguém escutando? Tenho de admitir que essa experiência de orações não respondidas ajudou a destruir minha fé por algum tempo quando eu era adolescente. Se eu não podia contar com Deus, com quem poderia contar?

Escritores cínicos como Mark Twain e Bertrand Russell relacionam orações não respondidas como uma das principais razões por que nunca conseguiram engolir o cristianismo.

O problema central das orações não respondidas é que Jesus parece ter prometido que elas não existiriam. Ele poderia ter dito algo assim: "Senhoras e senhores, gostaria de apresentar-lhes o conceito de oração. Vocês sabem, naturalmente, que não se pode esperar que todos os humanos tenham sabedoria perfeita, como Deus tem, então há limites quanto a quais de suas orações serão respondidas. As orações funcionarão exatamente como uma caixa de sugestões. Expressem claramente seus pedidos a Deus, e posso garantir que todas as solicitações serão cuidadosamente consideradas".

Eu poderia conviver facilmente com esse tipo de declaração sobre a oração. Mas ouça o que Jesus realmente disse: "E tudo o que pedirem em oração, se crerem, vocês receberão" (Mt 21:22, NVI).

"Também lhes digo que se dois de vocês concordarem na terra em qualquer assunto sobre o qual pedirem, isso lhes será feito por meu Pai que está nos céus" (Mt 18:19, NVI).

"O que vocês pedirem em meu nome, eu farei" (Jo 14:14, NVI).

Essas são apenas algumas das veementes declarações a respeito do assunto no Novo Testamento. Há muitas outras, como João 16:23-27 e Marcos 11:24. Se tiver interesse, verifique-as. Elas comprovam para mim que não posso fugir do problema dizendo: "Jesus não prometeu realmente que as orações seriam respondidas". Todas essas garantias são feitas em profusão, e em português claro. A Bíblia não é vaga nessa questão.

Qual é, portanto, a solução para esse problema de oração não respondida? Ao estudar cada um dos contextos que contém as promessas, aprendi alguns fatos que me ajudaram a entender o problema. O assunto como um todo é ainda misterioso e levemente confuso, mas minha amargura com relação às orações não respondidas se dissipou à medida que fui compreendendo alguns fatores por detrás do papel da oração na vida cristã.

1. As declarações de Jesus, tomadas ao pé da letra, são irrealizáveis, de modo que precisamos buscar um significado por trás delas. Por que são irrealizáveis? Porque as pessoas oram com pedidos contraditórios, e Deus não pode responder a ambos. Durante a guerra civil norte-americana homens piedosos

de ambos os lados, como Abraham Lincoln, Stonewall Jackson e Robert E. Lee, oraram todos intensa e constantemente pela vitória, mas norte e sul não poderiam vencer simultaneamente.

Se a Universidade Oral Roberts e o Wheaton College (ambas organizações cristãs) se enfrentam no basquete, ambos os times podem orar pedindo a vitória, mas posso garantir que um time não terá seu pedido atendido.

Há uma ilustração ainda mais contundente: Jesus não recebeu o que pediu no Getsêmani. Ele pediu a Deus que, por favor, encontrasse uma alternativa para poupá-lo da dor, se fosse da vontade dele (Lc 22:42). Esse fato é quase sempre ignorado no ensino cristão acerca da oração. Nosso modelo para toda a vida, o Homem perfeito com a fé perfeita e que nos ensinou a orar, foi morto, embora tivesse pedido a Deus, seu Pai, que o poupasse! Obviamente, algumas orações são recusadas, não importa quão cheios de fé estejamos.

Paulo teve um problema semelhante, fruto de uma indisposição física que ele chamou de seu "espinho na carne" (v. 2Co 12:7-9). A despeito de três apelos a Deus para que lhe extinguisse a dor, a oração de Paulo não foi atendida.

Concluo, portanto, que o que Jesus disse não pode ser aplicado a todas as orações o tempo todo.

2. Cada uma das declarações extremas de Jesus sobre a oração foram dirigidas a um grupo específico de pessoas: os discípulos. Durante seu tempo na terra, Jesus selecionou doze homens para levar adiante seu ministério depois da ascensão. Eles foram pessoas especiais, com dons especiais dados por Deus (eles eram tão seletos que quando a igreja decidiu quais textos seriam incluídos no Novo Testamento, ela incluiu os escritos pelos discípulos quase automaticamente).

Não seria o caso de que Jesus deu aos discípulos certos direitos e privilégios com respeito à oração que não se aplicam a todos os cristãos igualmente? Afinal, qual de nós pode repetir os milagres de Pedro ou os textos inspirados de João?

Os escritores do evangelho não dizem explicitamente "esses mandamentos aplicam-se apenas aos discípulos", mas nos dizem, em cada caso, que Jesus estava conversando com os doze discípulos, e não com uma grande multidão.

Francamente, não sei quanto devo levar adiante este argumento. Porém talvez ele ajudasse a explicar a abrangente natureza das promessas de Jesus. *Talvez* ele estivesse investindo seus discípulos com um dom específico de ousadia e de percepção da vontade de Deus. Eram homens maduros que haviam passado três anos aprendendo diretamente com Jesus; há boas chances de que eles teriam uma boa idéia de quais orações fariam avançar o propósito de Deus sobre a terra e quais seriam meros caprichos (do tipo "ajude nosso time a vencer").

É interessante que em passagens como 1João 5:14, 15, escrevendo para um grupo grande, João diz cuidadosamente que "se pedirmos alguma coisa segundo a sua vontade, ele nos ouve". Essa frase "segundo a sua vontade" é uma verdade fundamental.

3. Uma vez que foi Jesus quem fez as afirmações abrangentes sobre oração, fiz questão de observar com cuidado o tipo de orações que ele fez. Um tipo em particular me surpreendeu. Eu sempre havia visto as orações como um ato determinado por mim e também concentrado em mim, o agente da oração. Mas as orações de Jesus mostraram que o verdadeiro foco está no Pai, aquele a quem ele orava. Ele usava a oração como um período de comunhão com o Pai, para renovar-se na vontade de Deus, para pedir forças. Ele também a usava para agradecer a Deus pelo mundo e para mencionar seus amigos que tinham necessidades. Era uma conversa, não uma lista de compras.

Charlie Shedd chama a oração de "um diálogo interior com seu melhor amigo". Comecei a perceber que eu a via como uma varinha mágica que eu podia mover a fim de levar Deus a fazer o que eu queria. No entanto, não estou no comando da oração. Deus está.

Muitas pessoas compartilham do conceito errado que eu já tive sobre a oração. Por exemplo, Mark Twain, que se sentiu incomodado pela oração não respondida, expressou o dilema em *Huckleberry Finn*. Huck aprendeu uma lição da srta. Watson em oração.

"Ela me disse para orar todos os dias, e que tudo que pedisse eu receberia. Mas não foi bem assim. Eu tentei. Uma vez ganhei uma linha de pescar, mas sem anzóis. Não servia para nada sem anzóis. Tentei orar por anzóis três ou quatro vezes, mas não funcionou. Chegou o dia em que pedi à srta. Watson que tentasse por mim, mas ela disse que eu era um tolo. E nunca disse por quê. Não consegui fazer funcionar de jeito nenhum.

Sentei uma vez lá na floresta e matutei muito sobre a coisa. Digo a mim mesmo: 'Se o sujeito pode conseguir qualquer coisa que pedir na oração, por que o diácono Winn não recebe de volta o dinheiro que perdeu na carne de porco? Por que a viúva não recupera sua caixinha de rapé prateada que foi roubada? Por que a srta. Watson não engorda?' Não, digo a mim mesmo, essa é uma roubada".

É obvio que Huck queria um gênio da garrafa que realizasse seus desejos, não um Deus que fosse Senhor de sua vida. A fé, para ele, era uma ginástica mental a fim de conseguir o que queria. Porém a fé deve ser colocada em Deus, confiando em seu amor e sua disposição em responder com sabedoria.

Quando li as Escrituras examinando as orações, não pude evitar a constatação de que os pedidos são uma pequena parte da oração. Algumas delas são de adoração, de arrependimento, outras de louvor. Os salmos, por exemplo, são uma série de orações em forma de poesia. Leia-os todos, e você perceberá quão poucos deles são essencialmente pedidos.

As orações pedidos são simplesmente isso: *pedidos*. A oração não é uma máquina automática que cospe a recompensa apropriada. É um clamor a um Pai amoroso para que se relacione conosco.

O motivo da oração não pode ser "o que posso ganhar?". Isso é mágica. Ele tem de ser: "Deus, creio que essa é a tua vontade, mas ela está além do meu poder. Podes me ajudar?". Na oração do Pai Nosso, Jesus expressou-o da seguinte maneira: "venha o teu reino, seja feita a tua vontade".

A Bíblia é clara quanto ao fato de que Deus responde às orações, mesmo aquelas que não são respondidas do modo como gostaríamos que fossem. Ele considera cuidadosamente os pedidos mais absurdos e egoístas. Quando crianças pedem coisas tolas a pais sábios — coisas como "posso ficar acordado para assistir àquele programa bem tarde da noite?" ou "você vai me deixar dirigir, mesmo eu tendo só doze anos?" — nem sempre conseguem o que querem. Com freqüência os pais sabem julgar o que é bom para seus filhos.

Enquanto estudava os tipos de oração de petição na Bíblia, notei que até mesmo os estilos diferem e muito. Observo pelo menos três tipos:

1. *O pedido humilde, submisso à vontade de Deus, como o de Jesus no Getsêmani, antes de ser crucificado.* Essa oração demanda uma profunda confiança em Deus, porque na verdade estamos dizendo "quero honestamente fazer o que tu queres que eu faça". No caso de Jesus, significou a morte. Essas orações normalmente têm uma marca: "Se for da tua vontade", e na verdade alguns cristãos crêem que é apropriado fazer todas as orações com essa atitude.

2. *As orações incomuns feitas por gente de fé simples que realmente crê que Deus as honrará.* Quase sempre os cristãos jovens têm a fé mais bela. Cristãos experimentados e mais sofisticados às vezes zombam dos pedidos excêntricos como os de cura, mudanças radicais, enormes quantias em dinheiro. E eles têm um bom argumento: levado ao extremo, esse tipo de fé pode resultar em tragédia. Com muita freqüência os jornais noticiam histórias de pais religiosos cujos filhos morreram depois que os pais recusaram que eles fossem tratados de leucemia (lembre-se de Somerset Maugham, que perdeu a fé porque apostou em um milagre). No entanto, se você estudar a Bíblia, fica claro que há um lugar para a fé ousada e infantil. Jesus orou com esse tipo de fé, como no caso do centurião (Lucas 7). Muitas das suas parábolas sobre a oração encorajaram pedidos ousados.

Essas orações me confundem. Por que as orações de algumas pessoas são atendidas com regularidade, enquanto as minhas se perdem no vazio? Em várias ocasiões na minha vida cristã pensei na oração como um músculo espiritual. Comparei a fé ao levantamento de peso: se você trabalhar duro e o fizer diariamente, em breve terá a recompensa de um braço musculoso e mais forças para fazer o que quer.

Mas não é bem assim que a oração funciona. Não se pode forçar a fé por meio da concentração, como uma meditação de *yoga*. Sei disso porque algumas das mais espetaculares respostas de oração que vi ocorrem a cristãos recém-convertidos que são "ignorantes e ingênuos o suficiente" para crer que Deus realmente realizará um milagre para eles. Deus parece honrar esse tipo de fé jovem e entusiasmada.

3. *Os pedidos abrangentes, feitos quando você está orando por algo que está quase certo de que seja a vontade de Deus.* Desse

modo Jesus e seus discípulos podiam orar na completa confiança da cura física, porque estavam em tamanha comunhão com Deus que sabiam ser aquela sua vontade. Essa última categoria me parece ser o alvo para o cristão maduro, mas observo que a maioria de meus pedidos de oração se encaixam na primeira categoria.

A despeito do modo como categorizamos nossas orações, não podemos tomar versículos das Escrituras e tentar estabelecer uma garantia tipo "ou-o-seu-dinheiro-de-volta" de que Deus responderá a qualquer oração. Para orarmos com confiança, devemos ter boas razões para crer que a resposta que queremos está intimamente alinhada à vontade de Deus.

A vontade de Deus é complexa e difícil de compreender. Ele está interessado não apenas em nós pessoalmente, mas em todo o universo. Charlie Shedd expressa esta idéia da seguinte maneira:

"Nosso Deus grandioso, maravilhoso e amoroso tem respostas acerca das quais nada sabemos. É aí que entra a fé. Temos de crer que ele realmente quer dizer o que diz quando afirma: 'Nossas vidas são eternas. O que vocês vêem acontecendo aqui é só o avesso do tapete. Ele não é tão bonito desse lado quanto é do lado direito. Você tem de acreditar em mim que em qualquer circunstância eu sei o que é melhor'. Daqui a mil anos você provavelmente dirá: 'ah, agora eu entendo!'."

Paulo disse: "Sabemos que Deus age em todas as coisas para o bem daqueles que o amam, dos que foram chamados de acordo com o seu propósito" (Rm 8:28, NVI). Joni Eareckson experimentou esse fenômeno depois que um acidente de mergulho a deixou paralítica. Suas orações por cura não foram respondidas, mas Deus usou a história de sua vida em livros e em um filme para encorajar a fé de milhões. Sua dor cooperou para o seu bem.

Uma enorme batalha entre o bem e o mal está sendo travada ao nosso redor e em nós. A oração oferece-nos alguns minutos para que mostremos explicitamente que estamos do lado do bem. Estamos conectados aos interesses e à vontade de Deus. Fazemos contato com nosso Rei.

A fé não é uma fórmula para liberar o segredo de Deus que está guardado a sete chaves. Ela é a confiança em Deus, quer ele faça as coisas que desejo, quer me deixe passar por tempos difíceis. Em Hebreus 11, às vezes chamado de "O *hall* da fama da fé", alguns dos gigantes da fé não obtiveram o resultado que desejavam. Alguns foram resgatados de enchentes, faraós e leões. Mas junto deles houve outros que foram espancados até a morte, marcados por açoites ou serrados ao meio.

Ambos os grupos tiveram uma fé poderosa que é honrada como modelo para nós. A fé não eliminou necessariamente seus problemas, mas ganhou o louvor e a recompensa de Deus. A fé não é um balão inflável que você pode encher para chamar a atenção de Deus. Trata-se de uma qualidade de confiança que nos faz abrir mão de nós mesmos em prol dos desejos de Deus sobre a terra.

Quase sempre, quando parece que um de meus pedidos foi recusado, Deus responde indiretamente. Outra pessoa que teve esse tipo de experiência foi a mãe de Agostinho. Ela orou a noite inteira para que Deus impedisse seu filho de ir à Itália, porque queria que ele se convertesse ao cristianismo. Enquanto ela orava, ele partiu, e parecia que sua oração não havia sido atendida. Porém na Itália Agostinho se converteu, e tornou-se um grande líder cristão. Deus é amoroso e sábio e pode recusar-se a atender a nossas orações a fim de nos dar uma bênção ainda maior.

Discussões sobre a oração tendem a ficar complexas e confusas. Talvez seja por isso que a Bíblia não expõe o processo em detalhes, mostrando-nos todas as sutilezas e todos os mistérios da oração. Ao contrário, somos convidados a nos dirigir a Deus em oração como uma criança, colocando de lado as dúvidas. Por que Jesus usou promessas tão extravagantes? Não sei ao certo. Talvez tenha sido para estimular em nós uma fé extravagante.

Jesus disse: "Qual pai, entre vocês, se o filho lhe pedir um peixe, em lugar disso lhe dará uma cobra? Ou se pedir um ovo, lhe dará um escorpião? Se vocês, apesar de serem maus, sabem dar boas coisas aos seus filhos, quanto mais o Pai que está nos céus dará o Espírito Santo a quem o pedir!" (Lc 11:11-13, NVI).

Para mim não é tão impressionante que Deus se recuse a atender a alguns de nossos pedidos. O impressionante é que sejamos ouvidos! Todas as orações acabam na caixa de entrada de Deus. Nosso papel é enchê-lo de pedidos, e então entregar-lhe a confiança que aceita as respostas dele.

Uma concha PERFEITA E VAZIA

Philip Yancey

▪ **Legalismo:**
Fácil de apontar nos outros, difícil de evitar em você mesmo.

Jesus Cristo conheceu gente desonesta quando esteve sobre a terra: ardilosos coletores de impostos, prostitutas de rua, ladrões, soldados impiedosos. Mas enquanto andava pelas ruas de Jerusalém e de outras cidades judaicas, um grupo em particular parecia incomodá-lo profundamente. Ele reservava para eles seus mais contundentes ataques. "Víboras", ele os chamava. "Raça de víboras! Tolos! Hipócritas! Guias cegos! Sepulcros caiados!"

Estranhamente, as pessoas que deixavam Jesus furioso seriam os que a mídia chamaria hoje de "fundamentalistas". Esse grupo, o dos fariseus, dedicava sua vida a seguir a Deus. Davam seu dízimo com precisão, obedeciam a cada minúscula lei do Antigo Testamento e enviavam missionários para angariar novos convertidos. Quase não havia pecado sexual ou crimes violentos entre os fariseus. Eram cidadãos-modelo.

No entanto, Jesus os denunciava.

Por quê? De todas as pessoas em Israel, não deveriam ser os fariseus aqueles na companhia de quem Jesus deveria se sentir mais à vontade? Sua reação mostra a seriedade com que ele enxergava um inimigo perigoso diante do qual todo cristão recém-convertido está sujeito a sucumbir: o legalismo. Os fariseus tinham a idéia de que ganhamos a aceitação de Deus seguindo uma lista de regras definidas e externas. Para eles, a santidade podia ser medida.

O legalismo é particularmente perigoso porque por fora parece respeitável. Ele cria seguidores de Deus distintos, puros e piedosos. Meu primeiro contato com o legalismo foi quando criança numa igreja extremamente conservadora em Atlanta, na Geórgia. Foi necessário apenas um mês freqüentando-a para saber qual era a lista de "nãos" que havia naquela igreja. A lista incluía dançar, jogar cartas, fumar, beber, defender os direitos igualitários, ir ao cinema, ouvir *rock*, ter cabelo comprido, esportes aos domingos, jogar dados, usar minissaia, nadar com pessoas do sexo oposto e namorar negros e hispânicos. Se você ficasse longe de todos esses males e andasse com uma Bíblia debaixo do braço seria aceito automaticamente no grupo.

Mais tarde, numa faculdade teológica do sul, tomei contato com uma nova lista de regras. Ali a integração era estimulada (com exceção do namoro entre raças diferentes e, só pra garantir, o único estudante residente negro dividia o quarto com o único porto-riquenho residente). Jogar boliche, uma das atividades favoritas de um grupo de jovens da igreja em Atlanta, era prática desaprovada porque algumas das pistas de boliche serviam bebida alcoólica. Quem poderia garantir se você havia ido até lá para jogar boliche ou para beber? Patinar era proibido porque os patinadores tinham o péssimo hábito de segurar a mão um do outro enquanto patinavam e, além disso, patinar tinha a aparência suspeita do ato de dançar.

O grande entrave na faculdade teológica parecia ser o sexo. Minissaias não só eram desaprovadas, como medidas. Durante os quatro anos em que lá estive, o comprimento tolerado para uma saia subiu de uma polegada abaixo do joelho para o meio do joelho, finalmente para uma polegada acima do joelho (isso no final dos anos sessenta, quando as minissaias que deixavam as coxas à mostra eram moda em toda a parte). Então o vestido longo entrou em cena, e um grande suspiro de alívio foi ouvido.

Um ato tão inocente como o de um rapaz segurando a mão de uma garota foi banido. Os que andavam de mãos dadas e especialmente os que se beijavam e eram pegos pelo deão eram suspensos ou expulsos da escola. Um professor chegou a ponto de fazer em classe uma campanha contra o batom, que era para ele sinal de prostituição.

Conversando com alunos estrangeiros no *campus*, descobri que grupos cristãos em outras partes do mundo tinham listas ainda mais criativas de pecados. Na África do Sul, nossa fé cristã poderia ser questionada se mascássemos chiclete em público ou orássemos com as mãos no bolso. Em algumas partes da França, um cristão que veste calça *jeans* é imediatamente desqualificado.

Em retrospecto, as regras da faculdade teológica parecem meio engraçadas, embora fossem impostas com mão de ferro e não parecessem nem um pouco divertidas na época. O que há de errado com uma denominação que proíbe a dança, o uso de *buttons* ou a posse de automóveis? Tudo parece muito inocente, e não parece merecer as palavras duras que Jesus dirigiu aos fariseus. No entanto os fariseus eram perigosos porque estavam muito perto da verdade. Eles criam na santidade, como Deus crê, mas queriam o privilégio de defini-la. Eles presunçosamente rejeitavam qualquer pessoa que não seguisse suas regras rígidas.

Em certos aspectos os legalistas que conheci em Atlanta e na faculdade teológica eram diferentes dos fariseus. Poucos deles teriam dito que seguir suas regras implicaria ganhar a aceitação de Deus. Ainda assim eles *agiam* como se as regras fossem tão importantes que o próprio Deus estaria por trás delas. E tinham também a tendência de medir quão "espirituais" as pessoas eram.

Quase todo grupo cristão tem sua forma de legalismo. Os perigos são tão sutis que Jesus se concentrou neles, expondo os problemas do legalismo em Lucas 11 e Mateus 23. Eles podem ser resumidos da seguinte maneira:

1. O legalismo pode ser praticado por exibição. Quando os fariseus oravam por longas horas, certificavam-se de que estavam numa esquina onde seriam notados. Vestiam roupas especiais para destacar sua religiosidade. Os grupos dos quais fiz parte nunca chegaram a ponto de exigir um uniforme específico como faziam os fariseus, mas tenho de admitir que as garotas da faculdade teológica — sem batom, sem jóias e com saias que arrastavam pelo chão — eram bem fáceis de serem identificadas.

O perigo aqui, Jesus advertiu, é que aquele visual externo poderia encobrir muitos problemas ocultos que precisavam ser tratados. Na minha turma na faculdade teológica havia rapazes que tinham sérios problemas com a culpa relacionada à masturbação, com a raiva direcionada a pais e autoridades, com a discriminação racial, com ódio a determinados grupos políticos. Essas coisas acabavam ficando encobertas na maior parte do tempo. Prestávamos mais atenção às coisas visíveis — um pequeno deslize e poderíamos ser expulsos.

A primeira advertência de Jesus é contra o orgulho que o legalismo não raro produz. Ao obedecer a todas as regras, os fariseus começaram a crer que eram moralmente superiores às outras pessoas. Na faculdade teológica eu notava como os alunos classificavam as outras escolas: o Wheaton College havia se tornado "liberal" quando relaxou as restrições a filmes; o Moody Bible Institute estava declinando perigosamente por permitir vícios como casais andando de mãos dadas, desde que fosse fora do *campus*. Mas nós ainda éramos puros. Não havíamos baixado a guarda. Tínhamos como que um prazer perverso por sermos diferentes.

2. *O legalismo suscita a hipocrisia*. Quando as regras são claramente determinadas, é fácil dar a nota. Os que seguem as regras logo relaxam com um sentimento de satisfação presunçosa, e fica fácil relevar pecados ocultos. Jesus disse que os fariseus eram como um copo que está limpo por fora e sujo por dentro. Eu podia ver os resultados disso em mim e em meus colegas seminaristas. Estávamos ocupados demais praticando jogos espirituais para mostrar amor e compreensão às pessoas que necessitavam.

Lembro-me de muitos sermões na igreja de Atlanta atacando os direitos igualitários e os Beatles. Mas não consigo lembrar de nenhum contra as bombas lançadas a uma igreja de negros no Alabama. E nunca ouvi do púlpito sequer uma referência ao holocausto na Alemanha, talvez o crime mais hediondo da história. É a isso que Jesus se referia em sua observação sarcástica: "Eles coam o mosquito e engolem o camelo". Estávamos ocupados demais medindo o comprimento de saias para nos preocupar com o racismo ou com a fome no mundo.

3. *O legalismo vicia*. O legalismo pode ser um jogo de poder, exatamente como a disputa por poder dentro de uma empresa, ou a disputa por ascensão social dentro de uma escola de ensino médio ou faculdade. Na minha escola havia uma disputa não declarada para ver quem seria capaz de reunir a lista mais longa de atividades debaixo da sua foto do anuário escolar. O vencedor era premiado com *status* e atenção, um

sentimento de poder por haver superado todos os outros. Jesus dizia que até mesmo a espiritualidade pode ser manipulada dessa forma.

Os cristãos são capazes de se exibir uns para os outros como técnica para estimular os próprios egos e, enquanto isso, tornam-se cada vez mais insensíveis com relação aos demais. O vice-presidente de uma empresa que escalou seu caminho até o topo provavelmente não demonstrará muita simpatia pelos peões que permanecem ainda abaixo dele: "Eu cheguei até aqui; eles também podem chegar". Quando alguém na faculdade teológica cometia um pecado flagrante, a resposta natural era julgar e repelir em vez de perdoar.

4. O legalismo diminui sua visão de Deus. Os legalistas enganam você. Eles são tão dedicados, tão obviamente preocupados com a fé, que seria de imaginar que têm uma visão muito elevada de Deus. Mas o perigo no legalismo é que ele diminui a visão. Se minhas exigências como cristão estão expressas num livro de regras, o que está ali é *tudo* o que tenho de fazer. Eu posso chegar lá. Posso alcançar a aprovação de Deus. Os melhores legalistas que conheci sentiam-se seguros e confortáveis, como os fariseus. Eles haviam cumprido a lei, não haviam? Mas Jesus grita impetuosamente para essas pessoas: "Tolos!" Ninguém jamais *chega lá* na vida cristã. Temos de depender de Deus pelo resto de nossas vidas.

Em resumo, os legalistas perdem de vista a essência do evangelho, que é um dom concedido gratuitamente por Deus a gente que não o merece. Os legalistas tentam provar quanto merecem o amor de Deus... Com toda a certeza Deus não se deixa impressionar.

A lei rígida do Antigo Testamento, disse Paulo, era como um tutor para nos provar quanto ficamos aquém de Deus. A lei prova que não podemos alcançar Deus, por isso ele teve de vir até nós, morrendo por nós e restaurando-nos para si mesmo. Porém, de algum modo, os legalistas acabam sentindo-se mais orgulhosos que gratos.

Após estudar o tratamento abrangente dado por Jesus aos fariseus nos dois capítulos que mencionei, tentei traçar uma linha comum. Creio que todas essas características são resultados naturais de pessoas que se relacionam umas com as outras todos os dias. O fato é que os fariseus simplesmente andavam demais com outros fariseus. Começaram a competir entre si. Tentando impressionar uns aos outros com seu amor por Deus, eles perderam de vista o inimigo real: Satanás e seu domínio sobre os não-cristãos.

Estaria o legalismo limitado ao sul dos Estados Unidos e a algumas outras partes do mundo? Não — o legalismo é como o resfriado comum: ninguém está imune. Ele se espalha em qualquer grupo. Conheço cristãos que se consideram mais espirituais e esclarecidos que outros porque se sentem à vontade para beber vinho e fumar cachimbo. Mas eles têm o mesmo problema com o legalismo.

Um meticuloso pesquisador chamado Merton Strommen conversou com sete mil jovens de igrejas protestantes de diversas denominações, perguntando-lhes se concordavam com as seguintes declarações:

"O modo de ser aceito por Deus é esforçar-se sinceramente para viver uma vida boa." Mais de 60% concordou.

"Deus está satisfeito se uma pessoa vive a melhor vida que pode." Quase 70% concordou.

"A ênfase principal do evangelho está nas regras de Deus para um viver correto." Mais de 50% concordou.

É como se o apóstolo Paulo e Martinho Lutero nunca tivessem aberto a boca! Os cristãos ainda crêem que seguir um código de regras os levará ao céu.

Esse tipo de pensamento mostra-se fatal para a fé cristã e pode talvez ajudar a explicar um fenômeno perturbador entre os cristãos. Conheci dezenas de jovens que cresceram em lares cristãos maravilhosos e igrejas sadias, mas decidiram mais tarde colocar de lado a fé. Depois de serem exemplos extraordinários de cristianismo por algum tempo, tornaram-se egressos espirituais.

Creio agora que muitos deles fracassaram porque se concentraram na vida cristã exterior e visível. Quando viram os amigos cristãos se comportarem e falarem de determinado modo, começaram a imitá-los. Tornaram-se espelhos andantes, refletindo todos os estilos e padrões corretos da igreja. Embora sua fé não tivesse conteúdo, eles eram tão habilidosos no cumprimento das regras que ninguém notou o interior. A fé como exercício externo é muito fácil de ser posta de lado, como uma cobra que troca de pele. Uma pessoa pode descartar um tipo legalista de cristianismo e incorporar um novo conjunto de regras como as da Consciência Krishna, ou do Bahai, ou ainda do humanismo secular.

Se você desenvolve um cristianismo focado no Cristo vivo, fica muito mais difícil abandoná-lo.

Jesus, claro, não ensinou que a santidade não é importante. Mas ele evitou cuidadosamente o legalismo. As pessoas muitas vezes lhe pediram conselhos sobre um problema específico. Ele, na maioria das vezes, não dava uma interpretação específica da regra do Antigo Testamento, mas indicava o princípio por trás da regra. Ele não dizia a uma pessoa rica que ela deveria dar 18,5% de seus bens; dizia que ela deveria distribuí-los todos. Ele não definiu o adultério como o ato sexual em si; destacou o princípio de utilizar as mulheres como objeto sexual, de modo que os homens cometiam adultério no coração. Amor? Não é algo que se encontre com facilidade, mesmo entre os amigos — mas Jesus diz: "amem os seus inimigos." Assassinato? "Acrescentei algo a essa regra", Jesus diz. "Se você estiver com raiva, mesmo em sua casa, está correndo o risco de ser julgado!"

Eu poderia desenvolver uma lista de regras ainda mais rígidas que as de qualquer faculdade teológica. Mas Jesus se especializou em derrubar obrigações legalistas, dizendo: "Não, é bem mais que isso". Ele nunca substitui meus alvos por algo mais fácil: ele os substitui por algo impossível.

Não é que Jesus não se importe com o modo como vivemos. Ele se importa, e é por isso que continua indicando os princípios elevados que deveriam guiar nossa vida. Jesus confronta o legalismo, de modo que nunca tenhamos uma lista de créditos sobre quão bons nós somos. O crédito pertence a Deus e não a nós.

Os cristãos usam uma palavra, "graça", que pode ser a cura para o legalismo. Graça significa apenas que o amor de Deus é dado gratuitamente, sem exigências embutidas. A graça é o oposto exato do legalismo. É o que Jesus deu e dá. A graça é o presente do próprio Jesus.

Tenho dificuldade de aceitar presentes. Estou acostumado a alcançar as coisas pelas quais trabalho. Obtenho boas notas, consigo entrar na equipe de tênis ou vendo um artigo somente se me empenhar nisso. Então, tenho dificuldade de aceitar a graça. Eu preferiria merecer o favor de Deus. Mas por causa da graça, não preciso andar por aí tentando impressionar a Deus, mostrando quanto sou espiritual. A graça me ajuda a relaxar, a confiar em Deus, a perceber que ele já está impressionado o suficiente para me chamar de "escolhido(s)... segundo o propósito da sua vontade" (Ef 1:11, NVI).

Na reunião de um pequeno grupo da igreja fui profundamente lembrado do conceito da graça por um camarada estranho e solitário chamado Josh McLynn. Josh mal conseguia encarar as pessoas nos olhos; ele mantinha os olhos fixos para baixo, ou às vezes à distância. Ele parecia sempre nervoso, principalmente diante da possibilidade de ter de dizer algo. Josh falava pouco, e tentei fazê-lo se sentir mais à vontade convidando-o para integrar o grupo.

A discussão naquela noite era sobre o que torna o cristão um ser único. Um homem mencionou como os cristãos são os únicos que têm uma razão para ter esperança. O resto do mundo, ele disse, tem de passar a vida deprimido, uma vez que não tem certeza da vida após a morte.

Uma mulher falou sobre toda a felicidade e a paz que os cristãos têm. Outra, uma garota, mencionou que os cristãos têm padrões mais elevados que outras pessoas.

John McLynn permaneceu sentado silenciosamente durante toda a discussão, de vez em quando desenhando com os pés formas imaginárias no assoalho. Quando perguntei a ele sobre o que tinha achado da noite, ele não me olhou nos olhos.

— Bem — ele disse —, sempre achei que os cristãos eram pessoas que se admitiam pecadores. O resto de nós é que não teria ainda descoberto isso. Mas esta noite me pareceu que esse pessoal tinha orgulho da religião deles. É como se eles achassem que eram superiores a mim ou algo parecido.

O que Josh disse me derrubou. Eu havia ficado sentado cheio de presunção durante toda a reunião, orgulhoso dos meus amigos articulados e de todas as respostas. Comecei a ver que havia esquecido mais uma vez da *graça*. Para um não-cristão, a graça significa que o amor de Deus é absolutamente gratuito: Deus nos aceita como somos. Para o cristão, graça significa que Deus não concluiu sua obra em nós ainda — somos brutos, obstinados e intratáveis, mas ele ainda assim nos trata como se fôssemos as mais belas de suas criaturas.

Os cristãos têm a tendência de esquecer a graça. Tornamo-nos *orgulhosos* da nossa fé porque ela resolve alguns de nossos problemas e nos coloca à parte das outras pessoas. Esquecemos que, como Josh disse, a única diferença consistente entre nós e o resto do mundo é que nós admitimos que somos pecadores. O único bem em nós é resultado da graça gratuita de Deus.

Paulo disse: "Porque Deus nos escolheu nele antes da criação do mundo, para sermos santos e irrepreensíveis em sua presença" (Ef 1:4, NVI).

Às vezes é difícil aceitar o amor gratuito de Deus. Continuo querendo impressioná-lo, ganhar-lhe o respeito por meio de meu esforço, uma criança toda suja de lama trazendo para casa uma flor na esperança de que a mãe não perceba a sujeira. O mais incrível é que Deus não nota a sujeira. E isso é difícil de aceitar.

Gente de DUAS CARAS

Tim Stafford

■ Hipócritas:
Para cada grupo eles têm uma cara diferente.

Vou chamá-lo de sr. Thomas. Ele quase nunca faltava à igreja. Sempre fazia as orações mais longas e era o mais interessado nas dimensões "espirituais" de qualquer problema. Contudo ele havia ludibriado os parentes nos negócios da família, era bisbilhoteiro, mentiroso e, como se não bastasse, tinha excesso de peso. Embora faça anos que não o vejo, ainda sentiria dificuldade em apertar-lhe a mão. Ele transpirava lama. Quando ouço a palavra *hipócrita*, penso nele.

Hipócritas são uma desculpa fácil. Pergunte a alguém por que não vai à igreja, por exemplo, e você provavelmente vai ouvir: "Porque a igreja está cheia de hipócritas".

Essa resposta o ajuda a não ter de dizer: "Porque não quero acordar cedo no domingo" ou "Porque não creio em Deus como os cristãos crêem" ou até mesmo "Porque gosto de minha vida do jeito que ela é e não quero estar próximo de algo que possa me fazer mudar". Qualquer uma destas três razões, e muitas outras, seria suficiente.

Mas alguém que diz que a igreja está cheia de hipócritas coloca seu examinador na defensiva e não tem de lidar com as questões reais. É por isso que tenho escutado esta desculpa com tanta freqüência. Também tenho ouvido muitos cristãos tropeçarem e tomarem uma atitude defensiva quando escutam algo assim.

Ouvi de relance um amigo não-cristão tentar uma variante. Quando lhe perguntaram por que não era cristão, ele explicou que havia sido criado na igreja católica. Ele relacionou várias coisas erradas sobre as freiras que havia conhecido. Sua irritabilidade, sua rigidez, as coisas absurdas que lhe impunham. Ele teve sérias dificuldades com essas freiras; é por isso, ele disse, que não era cristão.

A pessoa que havia feito a pergunta caiu então na gargalhada e perguntou incredulamente: "Você quer dizer que vai permitir que algumas poucas senhoras uniformizadas o impeçam de conhecer a Deus?".

Desde que ouvi isso tenho uma resposta pronta quando alguém me diz que hipócritas o impedem de se tornar um cristão. Eu uso a mesma resposta incrédula: "Você está querendo dizer que alguns poucos hipócritas são suficientes para impedi-lo de se encontrar pessoalmente com Deus?".

Isso ajuda a lidar com a desculpa, deixando-o livre para conversar sobre questões genuínas. Mas não há ocasiões em que os hipócritas são uma questão genuína? Para a maioria das pessoas eles são apenas uma desculpa, mas será que o são sempre? Mesmo como cristão me sinto incomodado pela existência dos hipócritas — pessoas como o sr. Thomas. Eles suscitam questões inquietantes. Se o cristianismo é tão maravilhoso, por que os cristãos não são pessoas maravilhosas?

Por que você encontra mentirosos no mesmo local onde a verdade é exaltada semana após semana? Por que a religião que elogia a honestidade tem enganadores por toda a parte? É tão chocante quanto ir ao escritório político de um candidato a presidente e descobrir que seus correligionários planejam votar contra ele. A insinceridade que cerca o candidato faz você duvidar do próprio candidato.

É com a pergunta verdadeira que quero lidar aqui, e não com a desculpa. Por que há cristãos hipócritas, e o que devemos fazer com eles?

Um hipócrita pode ser chamado de falso cristão, e essa palavra ajuda. Por que as pessoas falsificam alguma coisa?

Apenas porque essa alguma coisa é valiosa. Ninguém falsifica uma multa de trânsito. Ninguém falsifica um boletim com notas vermelhas. Somente as coisas mais valiosas são falsificadas: coisas como uma nota de cem reais.

As pessoas fingem que são ricas. Fingem que são professores universitários ou jogadores de futebol. Normalmente, não tentarão fingir que são pais que espancam crianças.

Mais que qualquer outra coisa, as pessoas fingem conhecer a Deus intimamente. Por quê? Porque conhecer a Deus é algo tão valioso que elas desejam que outras pessoas pensem que elas o conhecem. De certo modo, a presença dos hipócritas demonstra quanto o verdadeiro cristianismo é desejável.

Algumas gerações atrás, as pessoas faziam parte da igreja porque isso era o que todos os indivíduos decentes faziam. Hoje, você não perde o respeito se não for à igreja ou não se declarar cristão. A única razão para ser um cristão hipócrita é você achar que conhecer a Deus é valioso.

Não quero dizer com isso que os hipócritas calculem conscientemente como "falsificar" o cristianismo. O que é um hipócrita? Ele é alguém tentando ganhar o respeito de todos os grupos nos quais está envolvido. Perto dos cristãos ele age como espiritual, porque é isso que ele pensa que o tornará admirado. Em outros círculos ele age sem espiritualidade, porque isso lhe dará admiração ou poder. Age como um camaleão cuja cor é determinada pelo ambiente onde se encontra. Sem ter caráter suficiente para ser ele mesmo, é forçado a tentar viver sob um conjunto de padrões contraditórios.

Naturalmente, ele ganha apenas aflição. Não engana muita gente por muito tempo. Os cristãos não são os únicos que não gostam de hipócritas; mesmo os que vivem uma vida sem espiritualidade desprezam o tempo todo alguém que tente viver uma vida dupla.

Assim, quando identifico um hipócrita, tenho aprendido que a atitude apropriada é de tristeza. Estou diante de uma pessoa que não sabe quem é de fato. Alguém fraco demais para ser consistente, provavelmente um infeliz.

Uma coisa é saber que a tristeza é a atitude apropriada, outra é colocá-la em prática. Penso novamente no sr. Thomas. Tenho dificuldade suficiente para amar minha família e meus amigos. Como amar esse homem, tão repulsivamente falso?

A única maneira é enxergá-lo de modo mais profundo: ver a miséria em que se encontra sua alma e, de algum modo, a pessoa verdadeira enterrada debaixo de pilhas de mentiras e temores. Em algum lugar lá dentro deve estar a pessoa que Deus fez.

Mas como ignorar todas as óbvias falhas de um sr. Thomas? Como posso descobrir a pessoa que Deus planejou que ele fosse, se nem ele próprio conseguiu descobrir? Descubro que entendo alguém como ele apenas quando examino cuidadosamente minha vida. Quando olho para dentro da própria alma descubro que não sou muito melhor que o sr. Thomas.

Um hipócrita é alguém que diz que crê em uma coisa, mas vive outra. Por esse padrão eu sou hipócrita, e você também.

Na verdade, não há ninguém que afirme ser cristão que não seja, em certo sentido, hipócrita. Jesus não nos disse "Ame o Senhor, o seu Deus, com toda a sua mente, alma e força, e ao seu próximo como a si mesmo"? E não concordamos que essas palavras são um padrão para a vida? Mas nenhum de nós vive essas palavras. A grande diferença entre mim e o sr. Thomas não é se vivo ou não de acordo com minhas convicções; nesse quesito também sou um fracasso. A diferença está na atitude para com o fracasso.

Jesus certa vez contou uma história sobre dois homens que oravam. O primeiro, um líder religioso hipócrita, agradecia a Deus por seu caráter moral, que era consideravelmente superior ao da média. O outro, um notório trapaceiro, estava tão envergonhado de si mesmo que mal conseguia se dirigir a Deus. Ele não agradeceu a Deus por nada. Tudo o que pediu foi misericórdia. Jesus comentou que o segundo homem, e não o primeiro, estava agradando a Deus.

O homem não estava agradando porque pecava menos, mas por causa de sua atitude humilde. Ele conhecia suas falhas e não tentava ocultá-las.

Agora, qual desses dois homens você acha que tenderia a depreciar uma igreja onde pudesse encontrar hipócritas? O primeiro, naturalmente. Ele não se consideraria hipócrita — ele vivia uma vida íntegra e tinha orgulho dela. Ele desprezava os que ultrajavam os Dez Mandamentos. Ele se consideraria bom demais para freqüentar uma igreja de hipócritas.

Não dá para imaginar essa atitude no segundo homem. Ele estava tão ciente das próprias falhas que nunca lhe passava pela cabeça ficar ofendido com outras pessoas. É esta atitude que agrada a Deus, Jesus diz.

Quando ouço essa história, tento me colocar nela. Quando fico chateado com os hipócritas, não sou como o primeiro homem? Mas quando olho para meu interior e vejo a extensão de minha hipocrisia, torno-me mais como o segundo homem. Não tenho, então, coragem (ou desejo) de olhar com desprezo para os outros — até mesmo para o sr. Thomas.

Cada um de nós vem a Jesus como um homem faminto à procura de pão. Que dizer de mim se me voltar com um olhar de desdém para homens famintos que não sabem ainda onde está o pão?

É claro que um grande obstáculo para aceitar os hipócritas é o fato de que os encontramos na igreja. Se encontro alguém desonesto e mesquinho no mercado, não vou cuspir nele. Mas os cristãos não deveriam ser diferentes? A Bíblia não chama os cristãos de povo santo? Assim, por que as igrejas toleram os hipócritas?

A resposta é que a maioria das igrejas tenta não tolerar. Ou seja, elas dizem em alto e bom som, quase toda semana, que a desonestidade e o egoísmo nos impedem de viver uma vida autêntica. Elas encorajam as pessoas a confrontar o que está errado em sua vida. Algumas igrejas tomarão a atitude extrema de expulsar alguém que peque consistentemente e não admita que peca e não mude.

É difícil enxergar o que mais uma igreja poderia fazer. Haveria um teste de hipocrisia que pudesse ser aplicado a todos? Isso começa a soar como a Inquisição. Francamente, eu não gostaria de ter ninguém testando meu nível de hipocrisia. E não me sinto competente para testar ninguém. Quem conhece de fato o coração de outra pessoa? Como dizer o que uma pessoa pensa quando está só? Podemos avaliar o que alguém faz, mas como avaliar sua sinceridade? Eu preferiria deixar esse tipo de julgamento com Deus. Se entendo a Bíblia corretamente, alguns de seus julgamentos nos parecerão surpreendentes.

Além disso, devo perguntar o que uma igreja deve ser. Devemos separar as pessoas puras e empacotá-las dentro de um edifício uma vez por semana? Ou devemos ter as portas abertas para aqueles cuja vida é inconsistente e conturbada?

A Bíblia chama os cristãos de santos, mas seria porque eles teriam eliminado toda a hipocrisia e inconsistência de sua vida? Não é o meu caso. Minha única alegação de "santidade" é que, vez após outra, trago minhas hipocrisias e inconsistências diante de Jesus e permito que ele me perdoe e renove. Essa, eu penso, é toda a santidade que qualquer um de nós será capaz de alcançar neste mundo.

Estou pensando novamente no sr. Thomas. Ele tem um caráter repugnante, mas não duvido que Deus esteja trabalhando para transformá-lo. Não sei como ele era vinte anos atrás; talvez ele tenha tido um longo caminho a percorrer. Não posso comparar sua moralidade com a de ninguém; só posso compará-la com o tipo de moralidade que ele teria se não tivesse a Deus de modo algum.

Também não sei o que o sr. Thomas está pensando. Talvez uma crise severa esteja agora mesmo levando-o ao limiar de uma mudança. Não gostaria de ser aquele que o condenaria no dia anterior a sua entrega a Deus.

Mas mesmo se ele nunca mudar, o que isso prova senão que Deus quer que sejamos livres? Ele quer um exército de voluntários, não de conscritos. Ele permitirá que o sr. Thomas — ou eu — continue na hipocrisia. Ele concede a cada um de nós a dignidade de tomar nossas decisões. Sua única força é a pressão sutil e constante de seu Espírito em nossa mente.

Uma vez que Deus nos dá a liberdade, sempre haverá hipócritas. Ele poderia forçar cada um de nós a enfrentar definitivamente, hoje mesmo, todas nossas contradições interiores. Se o fizesse, duvido que muitos de nós tivéssemos forças para continuar nos intitulando cristãos. Em vez disso, ele traz nossas faltas até nós, uma de cada vez, e se quisermos ignorá-las, podemos. Podemos continuar sendo hipócritas.

Mas quando mudamos de idéia e deixamos a vontade de Deus operar em nossa vida, ele nos liberta. Somos livres, a maioria de nós, para parar de fingir que os hipócritas são somente as outras pessoas. Um hipócrita é alguém que está escondendo seus problemas, fingindo que eles não existem. Um cristão é alguém que deixou seus problemas aflorarem e os entrega diariamente a Deus.

Posfácio

A ÚLTIMA PALAVRA

Paulo Purim

■

Cristão algum está a salvo da ameaça da tentação, do peso da culpa, da sedução das dúvidas, das armadilhas da solidão e da raiva, de dar ouvidos às falsas promessas da hipocrisia e do legalismo. Essas "distrações" querem manter-nos afastados do verdadeiro alvo da vida do cristão, que deveria ser o de refletir a vida de Cristo projetada em nós.

Embora não haja soluções pré-fabricadas para as desventuras da vida cristã analisadas neste livro, deve ter ficado claro que todas as reflexões apontam para uma mesma direção geral: Cristo.

A jornada cristã, como não deveria ser surpresa para ninguém, começa e termina nele. O "bom conselho" definitivo é o que Maria deu aos criados no casamento de Caná: "Façam tudo o que ele lhes mandar" (Jo 2:5, NVI).

1. Leia a Bíblia sob a perspectiva de Cristo. Como os evangelhos demonstram além de qualquer dúvida, Jesus é capaz de lançar uma luz nova e esclarecedora sobre a verdade das Escrituras. Na qualidade de Palavra de Deus, ele pode ajudar-nos a enxergar a realidade pungente e o ensino necessário que já estavam de fato lá e éramos simplesmente incapazes de perceber sem ele.

Parte indispensável do crescimento cristão é, portanto, ler e aprender a interpretar as Escrituras sob a ótica de Cristo, buscando ao mesmo tempo recursos, como este livro, que nos ajudem a fazer precisamente isso.

2. *Baseie sua vida espiritual em sua lealdade a Cristo.* Normalmente, entramos na vida cristã pela porta de alguma igreja, portanto é fácil confundir a essência da vida cristã com a fidelidade a determinada comunidade.

Se a conversão foi precedida de muita dúvida e reflexão, pode ser que ainda imaginemos a decisão ao lado de Cristo como um posicionamento *ideológico*, a adoção da nossa parte de uma série de conceitos e princípios a respeito de Deus, da integridade e da salvação.

A vida cristã é, no entanto, definida por nossa lealdade *a uma pessoa*, não a uma comunidade ou a um conjunto de idéias. A nossa relação criativa com a comunidade cristã da qual fazemos parte e a nossa fidelidade aos princípios cristãos só são possíveis (e concebíveis) a partir de nossa lealdade a Cristo, aquele a quem amamos porque nos amou primeiro.

3. *Desenvolva um relacionamento de confiança com Cristo.* Se todas as afirmativas da fé cristã são verdadeiras, Cristo está hoje tão (ou mais) vivo e presente quanto nos dias em que pisou as areias da Palestina, há 2000 anos. Ele está ativamente interessado no destino e nas escolhas de seus seguidores: ele quer ainda orientá-los, supri-los e surpreendê-los.

O privilégio da vida cristã é, então, desenvolver um relacionamento de confiança com o Cristo vivo. Aprender, como fizeram os discípulos antes de nós, a confiar em suas palavras e em suas decisões.

Isso não significa, naturalmente, que Jesus fará sempre o que você espera dele (basta ler os Evangelhos para aprender com os que conviviam com Cristo quão raramente isso acontecia). Significa conhecê-lo a ponto de perceber que ninguém é mais digno de confiança; aprender que é parte surpreendente do projeto dele tornar-nos também a nós, os falhos, gente digna de alguma confiança.

Ele, que distribuía desafios como: "Ide, portanto, fazei discípulos de todas as nações, batizando-os em nome do Pai, e do Filho, e do Espírito Santo; ensinando-os a guardar todas as coisas que vos tenho ordenado. E eis que estou convosco todos os dias até à consumação do século" (Mt 28:19, 20).

A última palavra deve ser sempre de Cristo.

Este livro foi composto por Idéia Dois Design,
em Goudy Old Style, e impresso pela Imprensa da Fé,
em papel pólen soft 70 g/m²